월급이 사라지는 여자
월급이 불어나는 여자

월급이 사라지는 여자
월급이 불어나는 여자

초판 1쇄 발행일 2020년 2월 28일

지은이 송승용
그린이 유혜승
펴낸이 박희연
대표 박창흠

펴낸곳 트로이목마
출판신고 2015년 6월 29일 제315-2015-000044호
주소 서울시 강서구 양천로 344, B동 449호(마곡동, 대방디엠시티 1차)
전화번호 070-8724-0701
팩스번호 02-6005-9488
이메일 trojanhorsebook@gmail.com
페이스북 https://www.facebook.com/trojanhorsebook
네이버포스트 http://post.naver.com/spacy24
인쇄 · 제작 ㈜미래상상

ISBN 979-11-87440-57-4 (13320)

월급으로 시작하는 2030 직장인들의 좌충우돌 재테크 정복기

월급이 사라지는 여자
월급이 불어나는 여자

글 송승용 ｜ 카툰 YUHO

트로이목마

돈의 노예로 살 것인가,
돈의 주인이 될 것인가!

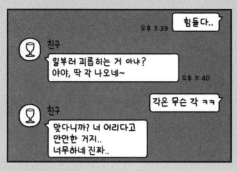

오후 3:39 힘들다..

친구
일부러 괴롭히는 거 아냐?
야야, 딱 각 나오네~ 오후 3:40

각은 무슨 각 ㅋㅋ

친구
맞다니까? 너 어리다고
만만한 거지..
너무하네 진짜..

그런가
그럴 것인가...

또 딴짓하는 중

올리브씨?

또 무슨 일이시죠?

삐딱

커피 마시면서
해요.

황송하옵니다.

...

당근과 채찍 시전 중...

처음 사회생활을 시작할 때는 누구나 설레고 희망차다. 앞으로 펼쳐질 미래를 아름답게 설계하느라 바쁘다. 하지만 아름답던 시기도 잠시, 직장이나 사회에서 경력을 쌓을수록 우리를 아쉽게 하는 게 있다. '외국어를 더 열심히 할걸', '인간관계의 폭이 더 넓었으면……' 하는 것들이다. 하지만 가장 후회되는 건 아무래도 돈관리다.

우리는 '첫 단추', '첫 근무' 등 '첫'의 의미를 잘 알고 있다. 모든 일이 순조롭게 진행되려면 처음이 중요하다. 하지만 처음은 잘 모르기에 언제나 두려울 수밖에 없다. 돈관리도 마찬가지다. 주변에 물어보면 돈관리를 잘 못한 이유가 '잘 모르기' 때문인 경우가 많다. 집에서도 학교에서도 가르쳐주지 않았기 때문이다. 그래서 돈관리는 나뿐만이 아니라 다른 사람들도 잘 모른다. 그래서 창피해할 이유가 없다. 쑥스럽거나 창피하다고 모르는 걸 그냥 넘어가지 말자. 돈관리를 잘하는 것처럼 보이는 선배도 실상은 잘 모르는 경우가 많고, 설령 잘하는 사람이라도 처음부터 잘하지는 않았다. 남들은 다 알고 있는 것 같아서 아는 척하다가는 결국 아쉬움만 남는다.

이제 회사에 갓 입사한 '올리브'와 깐깐한 선배 '진'이 있다. 올리브는 모든 게 낯설고 어렵지만, 항상 밝고 열정적이다. 하지만 아직 사회생활 새내기라서 씀씀이가 즉흥적이고, 지출이나 저축의 개념도 없다. 그녀는 사회생활도 초보, 재테크도 초보다. 반면 진은 올리브에게 멋진 선배 노릇을 하고 싶어하지만, 실제로는 별로 나을 게 없는 헛똑똑이다. 올리브와 진을 통해 첫월급 관리부터 투자 방법까지 돈관리 전반에 대해 체득해보자. 재테크라는 말에 겁먹지 말고 이번 달 월급부터 당장 시작하자.

돈관리를 시작하면 궁금한 것들이 생긴다. 월급통장으로는 어떤 게 좋을까? 돈을 모으려면 어떤 방법과 상품이 적합할까? 남들이 만드는 주택청약통장, 나도 만들어야 하나? 주변에 아는 보험설계사가 좋은 상품이 있다면서 권하는데, 그걸 가입해야 하나? 이런 궁금한 점들은 올리브와 진이 좌충우돌하며 겪는 사건들을 따라가다 보면 상당 부분 해소될 것이라 믿는다.

많은 사람들이 금융상품에 대한 정보를 얻기 위해 많은 시간과 노력을 들인다. 하지만 지식보다 중요한 건 올바른 돈관리 방법을 체득하고 금융에 대한 원리를 이해하는 것이다. 단순한 지식은 누구나 습득할 수 있고 상품에 대한 정보는 수시로 바뀐다. 하지만 금융에 대한 원리는 한번 익혀 놓으면 평생 써먹을 수 있다. 예를 들어 은행이 이자를 주는 원리를 이해하면, 적금과 예금에서 발생하는 이자의 차이를 쉽게 이해할 수 있다.

이 외에도 통장관리 방법, 펀드와 보험상품의 기본적인 구조 정도는 꼭 이해하자. 돈을 쫓는 사람이 아닌 돈의 주인이 되도록 이 책이 든든한 힘이 되어줄 것이다.

자, 그럼! 돈의 주인으로 거듭나기 위한 첫 여정을 함께 떠나보자.

차례

1장

두근두근
첫월급

올리브가 첫 출근을 했다. 설레는 직장생활이지만 익숙하지 않은 업무 익히랴 사무실 분위기 살피랴 식은땀 흘렸던 경험은 누구나 다 있다. 그러다 보면 '월급이야 어디로 받든 아무렴 어때?' 하는 생각으로 평소 쓰던 통장을 월급통장으로 만드는 경우가 많다. 새내기 때는 몰라서 그럴 수 있지만, 늦기 전에 효율적인 통장으로 교체하는 게 좋다. 월급통장은 직장인의 재무구조에 혈액을 공급하는 심장과 같은 역할을 하기 때문에 튼튼한 걸 써야 건강해진다. 이제 갓 첫월급을 받는 올리브와 그녀의 직장동료들을 통해 새내기 직장인이 꼭 알아야 할 돈 관리 방법을 알아보자.

● 금융 기본기를 익혀라

상품 정보보다 중요한 것은 뭘까? 첫째는 저축을 잘하는 것, 다음으로는 금융의 기본기를 익혀 스스로 금융상품을 선택하는 능력을 키우는 것이다. 그렇더라도 첫월급의 기쁨과 설렘이 계속 이어지려면, 우리가 당장 실천해야 할 것이 있다. 바로 저축이나 돈관리를 위한 통장을 만드는 것이다. 월급통장으로는 어떤 게 좋은지 고민해봐야 하고, 청약통장은 만들어야 하는지, 연금상품은 필요한지,

혹은 나도 남들처럼 풍차돌리기를 해야 하는지 등도 생각해봐야 한다. 그런데 막상 실천에 옮기려면 어려울 수밖에 없다. 돈관리 방법을 잘 아는 누군가가 도와주면 참 좋으련만, 도우미를 찾기가 쉽지 않다.

이럴 때 우리는 흔히 직장동료나 선배들에게 도움을 청한다. 그들 중 나름대로 돈을 잘 모으고 있는 사람들에게 묻고, 그들의 노하우를 배우는 것도 괜찮은 방법이다. 하지만 주의할 것이 있다. 단순히 좋은 상품이나 투자 대상을 찾는 데만 관심을 가져서는 안 된다는 점이다.

물론 이자를 많이 주는 상품이나 수익률이 높은 상품을 찾는 것은

Get it Money

| 풍차돌리기 |

풍차돌리기는 돈이 생길 때마다 각각의 돈을 1년 만기 등의 예금상품으로 묶어두는 것을 말한다. 예를 들어 매월 100만 원씩 적금(매월 저금해서 목돈을 만드는 상품)을 드는 대신, 매달 100만 원씩 각각의 돈을 1년 만기 예금에 가입하는 방법이다. 강제로 저축이 가능하고, 만기 때 다시 원금과 이자를 합해 새로운 예금에 가입하면 복리효과(이자에도 이자가 붙는 효과)를 볼 수 있어서 풍차돌리기가 좋은 재테크 방법으로 알려져 있다.

하지만 매월 일정한 급여를 받는 직장인의 경우 이런 방식은 득보다 실이 크다. 풍차돌리기를 하면 통장이 많아져서 관리하기가 힘들고, 금리가 낮을 때는 복리효과도 거의 없기 때문이다. 직장인의 경우에는 매월 일정한 금액을 저금하는 적금통장으로 목돈을 만드는 게 더 낫다. 단, 프리랜서처럼 수입이 일정치 않은 경우는 풍차돌리기로 강제저축을 하면 효과를 볼 수 있다. 혹은 명절 보너스나 특별상여금처럼 불규칙적인 수입을 안 쓰고 저금하는 방법으로는 풍차돌리기가 좋다. 즉, 정기적인 수입은 적금을 활용하고, 불규칙적인 수입이나 보너스 등은 풍차돌리기를 통해 관리하는 전략을 쓰면 된다.

무척 중요하다. 하지만 그 전에 돈을 어떻게 하면 잘 관리할 수 있는지, 그리고 어떻게 하면 저축을 더 많이 할 수 있는지부터 고민해야 한다. 주변에 이것을 잘하는 사람으로부터 배우거나 책을 통해 배우는 것도 좋다. 섣부르게 뛰어들기보다 간접 경험을 먼저 해보는 것도 도움이 된다.

반면 단순히 특정 상품에 가입했는데 많은 수익을 봤다는 이벤트성 정보들은 돈관리에 대한 기본기를 갖추고 난 다음에 체득해도 늦지 않다. 한 번에 많은 수익을 노리고 소문으로 떠도는 재테크 방법에 관심이 많거나 쉽게 돈을 벌기 위해 빚을 내서 투자하는 사람들도 멀리해야 한다. 아울러 금융에 대한 기본기도 갖추지 않고 자신만의 경험이 진리인 양 조언을 해주는 주변 사람들의 말도 무작정 믿어서는 안 된다. 이는 마치 기본기를 익히기 전에 잔기술부터 배우려는 것과 같은 이치다.

● 우리가 돈관리를 시작할 때 고민해야 하는 것들

월급통장이나 금융상품을 선택할 때 정확한 판단을 내리려면, 먼저 상품에 대해 정확히 알고 있어야 한다. 그래야만 자신의 상황에 맞는 적절한 상품을 고를 수 있다. 그렇다면 월급통장으로는 어떤 상품이 적절할까? 새로 통장 만드는 게 귀찮다고 가지고 있던 통장을 그대로 이용하지 말고, 조금이라도 내게 많은 혜택을 주면서 이용하기 편한 상품을 선택해보자. 월급통장도 나름대로의 기준을 정해서 나와 궁합이 잘 맞는 걸 이용해야 한다.

♣ 어떤 월급통장이 좋을까?

우리는 월급통장으로 카드대금도 결제하고, 아파트 관리비도 내고, 계좌이체도 한다. 그래서 월급통장은 예금이나 적금통장을 선택할 때와는 다른 기준이 필요하다. 그 기준을 살펴보면, 첫째, 입출금이 자유롭고, 이체 시 수수료가 없어야 한다. 둘째, 이용하기에 편리해야 한다. 요즘은 현금을 사용하는 횟수가 많이 줄었다고 하지만, 수시로 돈을 넣고 빼야 하기 때문에 지점이 많거나 ATM 기기가 많이 깔려 있는 금융회사의 통장이 좋다. 셋째, 이자를 많이 준다면 더욱 좋다.

월급통장은 예금이나 적금과는 달리 언제든 돈을 넣었다 뺐다 할 수 있어야 하는데, 이런 통장을 '수시 입출금통장'이라고 부른다. 하루만 넣어둬도 이자를 주는 증권사의 수시 입출금통장인 CMA가 널리 알려지기 전까지는, 사람들은 대체로 은행의 수시 입출금통장(보통예금통장)을 월급통장으로 사용했다. 그런데 은행의 수시 입출금통장은 이자를 거의 주지 않는다. 실제로 많은 사람들이 수시 입출금통장은 원래 이자가 거의 없는 거라고 생각하기도 한다. 하지만 은행 밖으로 눈을 돌려보면 그렇지 않다는 것을 금방 알게 된다.

증권사 CMA통장뿐 아니라 저축은행, 혹은 새마을금고 등에서는 수시로 입출금되면서 이자도 은행보다 더 주는 상품들이 많기 때문이다. 증권사 홈페이지에서 CMA 금리를 비교해보거나 저축은행 통합 앱인 'SB톡톡플러스' 등을 통해 수시 입출금통장의 금리조건 등을 살펴볼 수 있다.

일반적으로 금융회사들은 돈을 오래 넣어둘수록 이자를 많이 준다. 즉, 만기가 길수록 이자율이 높다. 반대로 만기가 짧으면 이자율이 낮은데, 이런 이유로 수시 입출금통장의 금리는 예금통장이나 적금통장에 비해 낮다. 특히 은행 수시 입출금통장의 금리는 연 0.1%로 매우 낮다. 증권사 CMA 금리가 연 1% 정도(물론 변동금리이기 때문에 시장 상황에 따라 금리가 변함)인데 비하면 매우 낮다는 걸

Get it Money

| CMA와 저축은행 수시 입출금통장 |

CMA(Cash Management Account, 종합자산관리계좌) : 증권사와 종합금융회사의 수시 입출금통장이다. 고객들이 맡긴 돈을 어음이나 채권 등에 투자해서 발생한 수익을 고객들에게 돌려주는 실적배당형 금융상품이다. 입출금이 자유로우면서도 하루만 맡겨도 은행보다 높은 이자를 준다.

저축은행 수시 입출금통장 : 웰컴저축은행 등 일부 저축은행에서는 이자를 많이 주는 수시 입출금 상품을 판매한다. 비대면계좌에 한해 수시 입출금통장(보통예금통장이라고도 부름)에도 연 1.7% 정도의 높은 금리를 준다(2019년 12월 기준). 저축은행은 은행에 비해 불안할 수 있다. 예금자보호 한도인 5,000만 원 이내(원금과 이자를 합한 금액)에서만 이용하면 마음 편하게 이용할 수 있다. 5,000만 원이 넘는 금액이라면 여러 저축은행으로 분산하거나 명의를 나누어서 이용하면 된다. 예금자보호는 은행당, 그리고 인당 기준으로 각각 적용되기 때문이다.

알 수 있다. 이자를 적게 주는 은행의 수시 입출금통장에 익숙해 있다가 증권사 CMA통장이 높은 이자를 준다는 걸 깨닫고 많은 돈이 은행에서 증권사로 이동하기도 했다.

그렇다면 CMA통장이 더 좋을까? 안타깝게도 우리가 원하는 모든 것을 충족해주는 월급통장은 없다. 자신이 처한 상황과 성향에 따라서 월급통장의 선택 기준은 달라진다. 정답은 없으므로 여러 가지 대안 중 자신에게 적합한 월급통장을 고르는 것이 좋다.

♣ 어떻게 하면 이자를 더 받을 수 있나?

지금은 상상하기 어렵지만, 경제성장률이 높았던 시기에는 1년 만기 예금금리가 연 10%를 훨씬 넘었다. 지금은 1년 만기 은행금리가 연 1%대에 불과하고, 조만간 더 낮아질 가능성이 크다. 이런 저금리 시대에는 평소 이용하던 은행만 보지 말고 여러 금융회사의 상품들을 비교해보고, 유리한 상품을 선택하는 부지런함이 필요하다. 지금은 오픈뱅킹 플랫폼으로 은행 간 계좌를 통합해 관리할 수 있어, 은행 간 금리 비교가 쉬워졌다. 스마트폰 어플로 금융서비스를 제공하는 '토스TOSS' 등을 통해서도 고금리 상품을 찾을 수 있다. 또한 저축은행 통합 앱인 'SB톡톡플러스', MG새마을금고 앱 등을 통해 다양한 상품을 비교해보는 것을 권한다.

은행은 스마트폰을 이용해 예금이나 적금에 가입하면 은행 창구에서 개설하는 것보다 조금 더 높은 금리를 준다. 스마트폰을 이용해 계좌이체를 하면 수수료를 면제해주는 사례도 늘고 있다. 스마트뱅킹이나 비대면계좌(은행을 방문하지 않고 스마트폰으로 만드는 계좌)를 이용하면 창구에 직접 가지 않아도 되니 편리하고, 금리도 더 받아서 일석이조의 효과를 볼 수 있다. 은행 입장에서는 인건비가 덜 들고 장소를 제공하는 비용이 절감되기 때문에 이런 혜택을 준다.

그런데 금리를 더 받는 것 말고도 중요한 게 있다. 이자가 생기면 내야 하는 세금을 덜 내는 방법을 찾는 것이다. 예금이나 적금에 가입한 후 만기 때 돈을 찾으면 이자가 붙는데, 이때 발생한 이자에 대해서 15.4%는 세금으로 내야 한다.

예를 들어 1,000만 원을 연 2% 이자를 주는 예금에 넣어두면, 1년 후에 20만 원의 이자가 생기고, 20만 원의 15.4%인 3만 800원이라는 돈을 이자소득세로 낸다. 금리가 낮아서 이자도 적은데 세금까지 내면, 속상할 수밖에 없다. 따라서 이자를 많이 받는 것과 더불어 세금을 줄이는 방법도 알아야 한다.

세금을 덜 내는 대표적인 상품은 새마을금고나 신협(신용협동조합) 또는 단위농협 등에서 가입이 가능한 정기예탁금(은행의 예금이나 적금과 같은 상품)이다. 정기예탁금은 1인당 3,000만 원 한도로 이자소득세 15.4% 대신 농어촌특별세 1.4%만 내면 된다. 이러면 20만 원에 대한 세금이 3만 800원에서 2,800원으로 대폭 줄어들고, 이로 인해 대략 연 0.28%포인트 금리를 더 받는 효과가 난다. 즉, 은행 대신 새마을금고에 돈을 맡기면 똑같이 2% 이자를 준다고 해도 세금을 덜 내는 덕분에 은행에서 2.28% 이자를 주는 상품에 가입하는 것과 같다. 단, 조합원에 가입(조합비 대략 2만 원 내외)해야 하고, 해당 지역에 거주하거나 사무실(또는 사업장)이 해당 지역에 있어야 이용 가능하다.

이자를 더 받는 건 좋은데 새마을금고 규모가 다른 은행에 비해 작아서 불안하다고? 크게 걱정하지 않아도 된다. 새마을금고나 신협, 단위농협 등에서도 1인당 5,000만 원 한도(원금과 이자를 포함한 금액)로 예금자보호를 해주기 때문이다. 은행처럼 예금보험공사가 보호해주는 것은 아니고, 자체적인 기금으로 예금자를 보호해준다. 단, 예금자보호는 원금과 이자를 합해 1인당 5,000만 원 이내라는 점을 명심하고, 대략 원금 기준으로 4,500~4,800만 원 내외에서 이용해야 안전하다. 아니면 원금 5,000만 원을 넣어두고 매월 이자를 받는 방식을 선택해도 된다. 참고로 새마을금고는 위기 시 행정안전부에서 지원하기 때문에 크게 걱정할 필요는 없다.

● 남들 다 하는 금융상품

우리는 남들이 하는 대로 따라 하면 적어도 손해는 보지 않는 것 같고 마음이 편안하다. 금융상품 중에는 주택청약종합저축이나 실손의료비보험, 저축성보험 상품이 바로 그런 상품이다. 이것들에 꼭 가입해야 할까? 그럴 수도 있고 아닐 수도 있다. 각각의 특징을 살펴보고 자신의 상황에 맞게 선택해서 사용하는 게 바람직하다.

♣ 주택청약종합저축

주택청약종합저축통장(이하 주택청약통장)은 집값이 꾸준히 오르고 있고 집을 사려는 수요에 비해 공급이 부족할 때 활용도가 높다. 새로 분양하는 아파트나 주택에 청약해서 당첨되면 내 집 마련과 함께 돈도 벌 수 있기 때문이다. 과거에 주택청약통장이 인기가 높았던 이유다. 그렇다면 고령화 저성장 시대로 접어든 지금은 주택청약통장의 필요성이 줄었을까? 그렇지는 않다.

과거만큼 집값 상승률이 높지는 않더라도 1~2인 가구의 증가로 전체 가구수는 2040년까지 증가할 것이라고 전문가들은 전망한다. 가구수 증가는 실수요자들의 주택 수요 증가로 이어진다. 이로 인해 청약으로 집을 장만하려는 수요 역시 지속될 가능성이 크다. 따라서 실수요자라면 여전히 주택청약통장은 활용도가 높은 상품이다. 청약통장을 활용해 정부가 짓는 공공임대주택(아파트)이나 새로 짓는 주택(아파트)에 살고 싶은 수요도 늘어나고 있다. 특히 신혼부부의 경우 새로 분양받는 주택에 당첨 우선권을 주기 때문에 활용 가치가 높다.

주택청약통장은 연말정산 때 소득공제를 받을 수 있다. 조건은 연소득 7,000만 원 이하 무주택 세대주인 경우이며, 연간 240만 원 한도 내에서 소득공제(연간 납입한 돈의 40%)를 받을 수 있다. 하지만 5년 이내 해지할 경우, 해지 금액의 6% 혹은 공제받은 금액을 세금으로 추징당한다. 따라서 5년 이내에 쓸 돈이라면 주택청약통장 말고 다른 적금상품을 활용하는 게 낫다. 반면 가입했다가 주택에 청약하지 않더라도 5년 이상 적금 방식으로 저축한다면, 주택청약통장을 활용해도 괜찮다. 주택청약통장을 통해 은행 적금금리 정도의 이자는 받을 수 있기 때문이다. 단, 주택청약통장은 만기가 없기 때문에 다른 목적으로 사용하고 싶은 경우 해지를 해야 한다. 금리는 국토교통부에서 고시하는데, 시중금리에 따라 변동한다. 금리는 1개월 미만 0%, 1개월 이상~1년 미만 1%, 1년 이상~2년 미만 1.5%, 2년 이상 1.8%이다. (2019년 12월 기준)

♣ 저축성보험

저축성보험과 일반저축(적금, 예금) 중에 어떤 것이 좋을까?

보험상품 중에는 저축을 목적으로 가입하는 상품인 저축성보험이 있다. 주로 연금보험, 저축보험 등의 이름이 붙어 있다. 주변에 보험 판매업에 종사하는 사람들이 많다 보니 저축성보험에 대한 가입 권유를 많이 받게 된다. 혹은 은행 창구에서 이런 상품들을 권하기도 한다. 일반적금이나 예금에 비해 금리도 높고, 세금도 안 떼고(비과세), 복리(이자에 이자가 덧붙는 것)가 적용된다고 하면서 권유하면, 가입해도 괜찮겠다는 유혹을 느끼게 된다. 하지만 저축성보험에는 수수료 부담(판매비, 사업비 등)이 크다. 이에 대해서는 9장에서 자세히 다루겠지만, 매월 불입하는 금액이 모두 저축으로 적립되는 게 아니기 때문에 주의해야 한다는 점만 먼저 알아두자. 예를 들어 매월 10만 원씩 내는 저축성보험에 가입하면, 10만 원이 다 적립되지 않고 이 중 일부(오프라인 상품의 경우 대략 10% 정도)는 수수료로 빠진다. 즉, 10만 원을 불입하면 1만 원은 비용으로 떼가고 9만 원만 저축되는 구조다. 물론 저축성보험도 가입 후 일정 기간(대략 5~6년 정도)이 지나면 원금이 회복된다. 하지만 장기저축은 사회 초년생에게는 너무 긴 시간이다. 장기저축보다는 빠른 시간 내에 종잣돈(목돈)을 마련하는 게 낫다. 이런 이유로 사회 초년생인 경우에는 저축성보험보다 일반저축인 적금이나 예금을 우선적으로 활용하는 것을 권한다.

♣ 실손의료비보험

실손의료비보험은 병원에서 치료를 받을 때 환자가 부담해야 하는 치료비를 보험사가 지급해주는 상품이다. 여러 보험상품 중에서 현실적으로 가장 필요한 보험상품이라 할 수 있다. 하지만 회사에 취직했다면 단체 보험에서도 실손의료비보장을 해준다. 따라서 입사 후 무조건 실손의료비보험에 가입하는 것보다는, 단체 보험의 보장 내용을 확인해본 다음 가입 여부를 결정해도 늦지 않는다. 이 부분도 9장을 참고하기 바란다.

♣ CMA통장

수시로 입출금이 가능하면서 하루만 맡겨도 은행의 수시 입출금통장보다 이자를 많이 주는 증권사 상품이다. CMA통장은 비상 예비 자금이나 월급통장으로 쓰기에 좋다. 만들어서 손해볼 건 없다. 자세한 내용은 2장을 참고하자.

2장

통장 하나 바꿨을 뿐인데,
잔액이 늘었어요!

세계적인 우량기업들
인데다, 최근 미국 주가가
계속 오르고 있어서 굉장히
유망한 펀드입니다.

팔랑

팔랑

펀드에 투자하는
기업들이 친근해서 그런지
특히 젊은 고객님들께
인기가 많습니다.

맘에 드네요!
물론 그 상품 말입니다!

그 투자
제가 하겠습니다!

불쑥

투자상품 보고
계신가 보네요.

연말 정산때
세금 돌려받는
연금저축 펀드
어떠신가요?

샤라랑

똑똑하게
세금 돌려
받으면서
노후대비
하실 수
있어요.

샤라랑

예이~

그것도
좋습니다!

사회 초년생일 때 은행에 가면 누구나 올리브처럼 긴장한다. 자주 이용하지 않아 낯설고, 금융상품 설명은 이해하기 어려워서 기죽게 된다. 이럴 때 사람들은 마치 선생님 말씀을 잘 듣는 착한 학생처럼 은행 직원의 설명대로 고분고분 따라 하는 경우가 많다. 그런데 만약 모르는 사람이 나에게 "이래라, 저래라." 하면 그대로 따를 사람이 있을까? 그럴 사람은 많지 않을 것이다.

금융회사는 우리에게 금융상품을 팔아서 이익을 낸다. 따라서 금융회사가 권하는 상품이 나에게도 이익이 되는 상품인지 따져보는 게 당연하다. 이 점을 명심하고 월급통장으로 어떤 것이 좋을지 살펴보자.

● 은행에서 권하는 월급통장

은행에서는 월급통장으로 '우대', '주거래' 또는 '급여통장'이라는 이름이 붙은 상품을 권하는 경우가 많다. 이런 통장들은 수시로 입출금이 가능하고, 급여를 이체하면 인터넷뱅킹 이용 수수료나 ATM(자동화기기) 사용 시 출금 수수료와 이체 수수료 등을 면제해준다. 여기까지는 큰 문제가 없다. 문제는 금리(또는 이자율)다.

은행에서 권하는 월급통장들은 금리가 너무 낮아서 몇만 원이나 몇십만 원에 대해서는 물론이고, 몇백만 원, 몇천만 원, 심지어 1억 원을 넣어둬도 이자가 많이 붙지 않는다.

은행은 우리가 넣어둔 돈에 이자를 계산해줄 때 1년을 기준으로 한다. 예를 들어 1,000만 원에 대해 2%의 이자를 준다는 의미는, 정확하게 1,000만 원을 1년 동안 은행에 넣어둘 경우 1,000만 원의 2%인 20만 원의 이자를 준다는 말이다. 따라서 1,000만 원에 대해 2%의 금리를 준다는 표현보다는 1,000만 원에 대해 1년 기준이라는 의미인 '연(年)'을 앞에 붙여 연 2%의 금리를 준다고 해야 정확한 표현이 된다. 그리고 1,000만 원을 연 2%의 금리를 주는 상품에 1년이 아닌 하루 동안만 맡겨둔다면 1,000만 원에 대한 2% 이자인 20만 원을 365(1년은 365일)로 나눈 547원을 하루 이자로 받게 된다.

⇨ 연 2%의 이자를 주는 상품에 1,000만 원을 하루만 맡겼을 경우 이자

(1,000만 원 × 2%) ÷ 365 = 547원

그런데 은행 수시 입출금통장의 경우 금리가 연 0.1%밖에 되지 않는다. 연 2%도 아닌 연 0.1%의 금리라면 언뜻 봐도 금리가 매우 낮다는 걸 알 수 있다. 앞서 설명했듯이 1,000만 원을 연 2% 금리를 주는 상품에 1년간 넣어두면, 이자는 원금 1,000만 원의 2%인 20만 원이 붙는다. 하지만 연 0.1%의 금리는 연 2%의 1/20이므로 1년 후 받

는 이자는 고작 1만 원에 불과하다. 만약 0.1%의 이자밖에 주지 않는 은행 수시 입출금통장에 1,000만 원을 하루만 맡겨둔다면, 1년간 받는 이자 1만 원을 365로 나누니까 이자는 27원밖에 안 된다. 최근 전 세계적으로 금리가 낮아지는 추세다. 우리나라도 조만간 예금금리가 1년 만기 기준으로 연 1%가 안 되는 시기가 올 가능성이 크다. 그렇더라도 은행이 이자를 주는 원리를 알고 대응해야 한 푼이라도 이자를 더 챙길 수 있다. 금리가 낮을수록 금리 0.1%포인트 차이는 크기 때문이다. 예를 들어 은행 예금금리가 연 10%일 때 0.1%포인트 차이는 10% 금리의 1%에 불과하지만, 예금금리가 연 1%일 때 0.1%포인트 금리 차이는 10% 차이로 벌어져서 매우 커진다.

⇨ **연 0.1% 금리인 수시 입출금통장에 1,000만 원을 하루만 넣어둘 경우 이자**

 (1,000만 원 × 0.1%) ÷ 365 = 27원

이런 식으로 1,000만 원의 10배인 1억 원을 맡겨둔다고 해도 하루만 넣어둔다면 이자는 273원. 한 달(30일)간 넣어둬도 8,219원밖에 안 된다. 월급통장도 은행의 수시 입출금통장의 한 종류인 만큼, 월급통장의 금리 역시 연 0.1%밖에 되지 않아 엄청나게 많은 돈을 넣어둬도 이자가 거의 붙지 않는 셈이다. 여기다 이자에 붙는 이자소득세 15.4%를 떼고 나면 실제 손에 쥐는 이자는 더욱 줄어든다. 하물며 1억 원이 아닌 몇백만 원이나 몇십만 원을 넣어둔다면 이자는 거의 붙지 않을 거라는 건 쉽게 상상할 수 있다. 출금 수수료와 이체 수수료 안 내고 월급통장을 이용하는 대가치고는 너무 야박하다.

다행히 최근 들어서 카카오뱅크, K뱅크 등 인터넷전문은행이 등장해서 높은 금리 상품을 출시하자 은행들의 인심이 조금은 후해졌다. 인터넷전문은행처럼 무조건은 아니지만, 조건을 정해 놓거나 비대면계좌에 한해 높은 금리를 주는 상품들이 생겨난 것이다. 가령 50만 원을 한도로 연 1%의 이자를 준다거나 비대면으로 계좌를 만들면 연 0.5% 이자를 주는 식이다. 하지만 은행들이 내는 생색이 실제로 우리들의 재산 증식에는 큰 도움이 되지 않는다. 50만 원까지 연 1%의 이자를 준다고 해봤자 50만 원을 한 달(30일간) 동안 넣어두면 한 달 후 받는 이자는 410원이다. 여기다 이자소득세 15.4%를 떼면 실제로 통장에 찍히는 이자는 346원밖에 안 된다. 월급통장에서 한 달간 받는 이자가 편의점에서 파는 생수 1병 가격에도 못 미친다. 차라리 한 달에 1,000원을 더 저축하는 게 통장잔고를 빨리 늘리는 방법이다.

이제 정리해보자. 은행에서 만드는 수시 입출금통장의 경우, 수수료 면제 혜택은 받을 수 있지만 일반적으로 연 0.1% 금리밖에 주지 않는다는 단점이 있다. 앞서 설명한 대로 높은 이자를 주는 통장도 있지만 조건이 정해져 있다는 점에 유의하자. 따라서 얼핏 좋은 조건처럼 보여도 계산기를 두드려 실제 혜택이 얼만지 따져보자. 그리고 생각보다 이자가 많지 않다면 다른 대안(CMA통장이나 저축은행 수시 입출금통장)을 찾든지, 그냥 수수료 면제받는 데에 만족해야 한다.

● 이자 많이 줘서 유명해진 CMA

은행통장 외에 월급통장으로 많이 사용하는 것이 증권사의 CMA (Cash Management Account)통장이다. 원래 CMA는 종합금융회사('종금사'라고도 부른다. 지금은 우리종합금융 정도를 제외하면 거의 사라졌다.)의 주요 예금상품이었지만, 지금은 대부분의 증권사에서 가입 가능하다. CMA의 가장 큰 장점은 은행의 보통예금처럼 입출금이 자유로우면서 하루만 맡겨도 상대적으로 높은 금리를 지급한다는 점이다. CMA통장은 종금사와 증권사에서 모두 만들 수 있지만 중요한 차이가 있다. 종금사 CMA는 예금상품이어서 1인당 5,000만 원까지 예금자보호가 되지만, 증권사 CMA는 투자상품이기 때문에 예금자보호가 되지 않는다. 그렇다면 예금자보호가 되지 않는 증권사의 CMA는 위험할까? 그렇지는 않다. 증권사들은 CMA에 넣어 둔 돈을 안전하게 운용한다. 예를 들어 국가가 발행한 국채나 우량한 기업이 발행한 회사채 등에 투자해서 안전하게 돈을 불린다. 또한 곳에 투자하지 않고 여러 곳에 나누어서 투자하는 방식으로 위험을 줄인다. 따라서 예금자보호가 되지 않는다고 불안해할 필요는 없다. 일부 증권사(유안타증권 등)에는 예금자보호가 되는 CMA상품도 있다.

CMA통장은 수시로 입출금이 가능하면서 금액 제한 등 조건 없이 이자를 준다는 게 가장 큰 장점이다. 단, 이자율은 시중금리 상황에 따라 변동된다. CMA도 통장에 넣어둔 금액이 크지 않다면 1~2개월 정도 돈을 넣어봤자 이자는 많이 붙지 않는다. 그래도 은행과 달리 금액을 제한하는 등 조건을 달지 않는다는 장점이 있다. 하지만 CMA 역시 생각보다 많은 이자를 주는 것은 아니다. 월급이 200만 원인 직장인이 한 푼도 안 쓴 월급을 1개월간 연 1% 이자를 주는 CMA통장에 넣어둘 경우, 얼마의 이자가 붙는지 계산해보자.

⇨ 연 1%의 이자를 주는 CMA통장에 200만 원을 한 달간 맡겨둘 경우 이자

　(200만 원 × 1%) × 30 ÷ 365 = 1,643원 (세전)

Get it Money

| CMA vs. MMF |

앞장에서 설명한 대로 **CMA**는 증권사와 종합금융회사의 수시 입출금상품이다. 입출금이 자유로우면서 하루만 맡겨도 은행보다 높은 이자를 준다.
반면 **MMF통장**은 Money Market Fund의 약자로, 채권에 투자하는 펀드(간접투자상품)이다. CMA와 MMF 모두 채권으로 운용하고, 수시 입출금이 가능하다는 공통점이 있다. 하지만 결제와 자동이체 기능이 있는 CMA는 은행의 수시 입출금통장처럼 월급통장으로 사용할 수 있는 반면, MMF통장은 단순히 펀드상품이라 월급통장으로 사용할 수는 없다. 예를 들어 CMA통장으로는 신용카드 결제나 펀드 자동이체 등이 가능하지만, MMF통장으로는 불가능하다.

200만 원을 넣어두고 한 달 후 받는 이자는 겨우 1,643원이다. 생각보다 이자가 적지만 이는 CMA 자체의 문제라기보다는 돈을 넣어둔 기간이 짧고, 시중금리가 낮기 때문이다.

● 이자 많이 주는 CMA라도 불편한 건 있다

CMA가 은행보다 이자가 10배 이상 많은데 은행은 왜 갈까? 금융소비자에게 CMA는 높은 이자가 매력적이지만, 은행은 은행대로 매력적인 부분이 있기 때문이다. 증권사가 은행에 비해 상대적으로 불리한 몇 가지를 살펴보자.

첫째, 은행보다 지점수가 적어 이용하기에 불편하다. 이를 보완하기 위해 편의점을 비롯해 다양한 곳과 제휴해서 조금이라도 많은 곳에 ATM 기기를 설치해 돈을 인출할 수 있도록 하고 있지만, 지점이 많은 것에 비할 수는 없다. 물론 현금을 사용하는 경우가 급격하게 줄어들고 있고, 많은 은행 업무를 인터넷으로 해결할 수 있다. 또한 블록체인 기술을 활용한 암호자산의 등장으로 은행 등 금융회사의 일상적인 역할은 점차 줄어들 것으로 예상된다. 하지만 현금이 완전히 사라지지 않는 한, 그리고 모든 업무가 전산화(디지털화)되지 않는 한 지점의 역할은 필요하다.

둘째, 증권사는 돈을 빌려주는 대출 기능이 없다. 은행은 대출받을 때 금리를 우대해준다고 광고하면서 은행에서 월급통장 개설을 추천한다. 대출이 은행의 가장 큰 무기인 셈인데, 이로 인해 은행은 월급통장에 이자를 많이 줄 필요를 못 느낀다. 반면 은행과 달리 대출 기능이 없는 증권사는 이자라도 더 얹어주고 불리함을 만회해야 한다. 은행은 돈을 빌려줄 수 있다는 것만으로도 증권사에 비해 경쟁력을 가진 것이다.

셋째, CMA통장은 결제 시 불편한 점이 있다. CMA통장 역시 은행통장과 마찬가지로 공과금이나 보험료 등의 납부를 위해 자동이체를 할 수 있다. 하지만 아직까지는 은행통장에 비해 결제 기능에 일부 제한이 있다. 보험료를 자동이체할 때, 첫 번째 보험료는 이체가 안 되고 두 번째 보험료부터 이체가 가능한 경우를 예로 들 수 있다. 이럴 때는 첫 번째 보험료는 은행통장에서 빠져나가게 하고, 두 번째 보험료부터 증권사 CMA통장을 자동이체 계좌로 변경해서 사용해야 하는 번거로움이 있다.

● 돈은 들어간 순서대로 나온다

은행을 포함한 금융회사들이 우리에게 이자를 덜 주기 위해 사용하는 방식이 있다. 바로 '선입선출' 방식이다. 월급통장뿐 아니라 대부분 금융상품에 공통적으로 적용되는 방식인데, 이를 이해하면 금융회사들의 꼼수를 파악할 수 있다. 금융회사는 우리가 돈이 필요해서 돈을 인출하면, 먼저 입금된 순서대로 인출해서 준다. 이를 '선입선출' 방식이라고 부른다.

예를 들어 한 은행에서 30일 미만은 연 0.1% 금리가 적용되고, 30일 이상만 연 1% 금리를 주는 수시 입출금 상품이 있다고 치자. 이상품에 1월 1일에 100만 원을 넣어두고 1월 10일에 다시 100만 원을 입금했다. 그런데 31일 후 돈이 필요해 100만 원을 찾으면 1월 1일에 넣어둔 돈이 인출된다. 먼저 넣은 돈이 먼저 빠지면서 먼저 입금한 100만 원이 30일 이상 머문 기간은 이틀에 불과하다. 결국 30일 이상에 해당되는 이틀에 대해서만 연 1% 이자를 적용받는다. 실제로 받는 이자는 아주 미미한 셈이다. 따라서 언제 쓸지 모르는 돈이라면 이런 조건이 붙은 은행의 수시 입출금통장보다는 증권사 CMA 통장을 이용하는 게 낫다.

이것저것 따져보면 월급통장 역시 각각의 장단점이 있다는 걸 알수 있다. 남이 좋다는 이야기에 현혹되기보다는 내가 이용하기 편한 통장을 선택하는 것이 바람직하다. 이자가 중요하다면 증권사의 CMA통장이 좋고, 결제 기능이나 이용의 편리함을 따진다면 은행통장이 좋다. 하지만 가장 중요한 건 내가 직접 이용해보는 것이다. 이용해봐야 장단점을 확인할 수 있다. 은행도 이용해보고 증권사도 이용해보자. 인터넷전용은행도 이용해보고 저축은행, 새마을금고도 살펴보자. 대부분의 금융회사들이 비대면계좌를 제공하고 있어 이용하기도 편리해졌다. 또한 토스와 같은 금융 앱도 있어서 과거에 비해 선택의 종류도 많아졌다. 다양한 상품에 관심을 가질수록 통장잔고가 늘어나는 시대가 되었다.

● 통장 선택, 그때그때 달라요

CMA통장은 입출금이 자유로우면서도 이자가 비교적 많기 때문에 언제 사용할지 모르는 비상금이나 예비자금을 넣어두기에 적합하다. 반면 6개월 이상 묵혀둘 돈이라면 예금을 이용하는 것이 좋다. 6개월 이상일 경우 일반적으로 예금의 금리가 조금 더 높다.

　CMA통장은 재미있는 특징이 있다. 오래 넣어둔다고 금리가 계속해서 높아지지는 않는다는 점이다. 증권사마다 다르긴 하지만 일반적으로 1개월, 3개월 등 만기를 지정해 이자를 고시하고, 1개월 혹은 3개월 이상 예치해도 고시한 금리보다 높은 금리를 주지는 않는다. 혹은 만기와 상관없이 고시한 이자율을 적용하는데, 6개월 만기 예금금리보다는 이자율이 낮다. 따라서 6개월 혹은 1년 이상 오래 돈을 맡겨둘 목적이라면 CMA통장보다는 예금에 가입하는 것이 좋다.

　그다음은 적금이다. 적금은 목돈을 모으기 위해 매월 일정한 금액을 저축하는 상품이다. 그런데 CMA통장과 1년 만기 적금통장의 금리가 큰 차이가 없다 보니 CMA통장을 적금통장처럼 이용하는 게 좋을지 고민하는 경우도 생긴다. 이럴 때는 단순히 금리(이자율)만 보지 말고 저축하는 돈을 언제 어떤 목적으로 사용할지를 명확히 한 다음, CMA와 적금 중에 선택하는 것이 바람직하다. CMA는 입출금이 자유로운 통장이기 때문에 적금용으로 저축하더라도 쉽게 빼서 쓸 가능성이 있다. 이런 유혹에서 벗어남과 동시에 1년 후 목돈을 만들고 싶다면 금리와 상관없이 적금통장을 이용하는 게 좋다. 반면 CMA통장(혹은 금리가 높은 저축은행의 수시 입출금통장)에는 언제 쓸지 모르는 예비자금이나 6개월 미만의 단기자금을 보관하는 용도로 사용하는 것이 안전하다. 하지만 절제력이 강해서 목돈을 만들 때까지 꺼내 쓰지 않을 자신이 있다면, CMA(혹은 저축은행의 수시 입출금통장) 이자율과 적금 이자율을 비교해보고, 금리가 높은 상품을 이용하면 된다. 일반적으로는 적금금리가 수시 입출금통장 금리보다 높다.

어? 요즘 3%나 이자 주는 은행 별로 없는데~

지점개설
번쩍은행
특별적금

금리 3%

1년 만기

연 3%면 매달 30만 원씩 넣었을 때 1년 후 10만 8천원 이자로 받는구나.

와우~ 여윳돈 넣어두면 좋겠네~ 저 은행 인심 좀 썼는데?

호다닥

어? 올리브

선배?

P.S. 실제로 은행에서는 저금이나 예금에 붙는 이자에 세금 (이자소득세 15.4%)을 제하고 고객에게 지급합니다.
카툰으로 쉽게 설명드리기 위해 세금은 무시했습니다.

※ 정지화면 아님.

● 이자가 많은 예금 vs. 이자가 적은 적금

우리는 예금이나 적금을 이용할 때 '~%의 이자를 준다'는 말을 자주 듣는다. 앞에서도 설명했듯이 여기서 '~%의 이자'는 정확히는 '연 ~%'의 의미다. 예를 들어 1,000만 원을 연 2%의 이자를 주는 예금에 가입했다면 1년 동안 1,000만 원을 넣어둔 대가로 은행에서 원금 1,000만 원의 2%에 해당하는 20만 원의 이자를 지급한다. 그렇다면 1년이 아닌 6개월만 넣어두면 이자는 어떻게 될까? 1년간 넣어뒀을 때의 절반인 10만 원의 이자를 받는다. 같은 조건으로 1개월만 맡기면 이자는 1년간 받는 이자 20만 원의 1/12인 16,666원을 받게 된다. 은행뿐 아니라 증권사나 보험사 등 금융회사들은 돈을 맡기면 1년을 맡기는 것을 기준으로 해서 이자율을 표시하되, 1년 이하일 경우에는 돈을 넣어둔 기간을 계산해서 그 기간 동안에 발생하는 이자만을 지급한다.

이런 원리를 이해했다면 예금과 적금의 이자율 차이도 쉽게 이해할 수 있다. 연 2%의 이자를 주는 적금에 매월 100만 원씩 불입한다면, 원금은 1년간 1,200만 원이 된다. 하지만 매월 불입하는 100만 원은 통장에 넣어둔 기간에 따라 이자액이 각각 달라진다. 첫 달에 넣어둔 100만 원은 1년간 통장에 있게 되니까 연 2%에 해당하는 2만 원을 받는다. 하지만 그 다음달에 들어가는 100만 원은 1년이 아닌 11개월만 있게 되니까 1년 기준으로 1개월 동안의 이자를 빼고 준다. 즉, 100만 원에 대한 1년 이자 2만 원에서 1달 이자인 1,643원 (30일 기준)을 빼고 18,357원만 이자로 받는다. 이후에 넣은 돈들도 마찬가지 방법으로 1년을 못 채운 만큼의 이자를 기간별로 빼고 받는다.

이런 식으로 1년간 적금에 불입하면 원금 1,200만 원에 대해 받는 실제 이자의 합계는 13만 원이 되고, 이는 원금 대비 1.08% 정도여서 겉으로 표시된 이자율 2%의 절반 정도에 불과하다. 따라서 적금의 이자율이 2%라고 해서 실제로 내가 받는 이자가 원금의 2%라고 생각하면 오산이다.

1년간 목돈 1,000만 원을 예금에 넣어두고 적금도 매월 100만 원씩 붓고 싶다면, 아래의 은행 중 어디가 유리할지 따져보자. (이자소득세 15.4%는 무시한다.)

⇨ Olive은행 : 예금금리 2%, 적금금리 3%

   Jin은행 : 예금금리 3%, 적금금리 2%

둘 중 어느 은행을 찾아가는 게 유리할까? 정답은 Jin은행이다. 언뜻 보면 Olive은행의 적금금리가 Jin은행보다 높은 데다 적금의 경우 원금이 1,200만 원(100만 원 × 12개월)이고, 예금은 1,000만 원이기 때문에 Olive은행이 조금 더 유리해 보인다. 하지만 앞서 설명한 대로 실제 받는 이자금액은 이자율이 같을 경우, 적금이 예금이 비해 절반 정도에 불과하기 때문에 예금금리를 더 주는 Jin은행이 돈을 불리는 데 더 큰 도움이 된다.

⇨ A) Olive은행에 맡겼을 경우 이자 총액 : 39만 5,000원

　예금이자 200,000원 + 적금이자 195,000원 = 395,000원

B) Jin은행에 맡겼을 경우 이자 총액 : 43만 원

　예금이자 300,000원 + 적금이자 130,000원 = 430,000원

Get it Money

| 예금과 적금 |

예금은 목돈을 일정 기간 넣어두고 이자를 받는 상품을 말한다. 가령 1,000만 원을 한꺼번에 넣어두고 1년 후에 찾으면 예금이다.

적금은 매월 일정한 금액을 저금해서 일정한 기간이 흐른 후에 목돈으로 찾는 상품을 말한다. 가령 매월 10만 원씩 저금한 후, 1년 뒤에 원금 120만 원과 이자를 받는 상품이 있다면 적금이다.

3장

카드만 쓰면
행복해지는 당신

내레이션

이 구두로 말할 것 같으면 캐주얼이면 캐주얼, 정장이면 정장.
모든 스타일을 스타일리시하게 만들어주는 그런 구두 되시겠다.

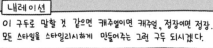

블링

블링

고객님~! 어서
오세요.지금 시즌-

오픈 중이라
전 낭품 50%
할인 행사 중
입니다.

그냥 조금
본 거에요.

지금 보시고 계신 제품,
인기 제품이라 전국 품절
되었다가 오늘 딱 한 켤레
재입고된 상품이에요.

반가워서

원하는 것을 가진다는 것은 사람을 행복하게 만든다. 진도 예쁜 옷이나 구두를 보면 그냥 지나칠 수 없나 보다. 그러나 원하는 걸 다 살 만큼 돈이 많은 사람이 얼마나 있을까? 돈은 부족한데 갖고 싶은 게 있을 때 진처럼 신용카드를 사용하기 쉽다. 신용카드를 사용하면 당장의 욕구는 쉽게 채울 수 있다. 그런데 잠깐 행복해지고 나서 한 달 후 카드대금 결제일이 왔을 때도 행복할까? 잠깐의 행복을 위해 더 큰 불행을 부르고 있지는 않을까?

● 신용카드의 치명적인 유혹

겉으로 드러나지는 않아도 우리는 신용카드로 인해 바보 같은 행동을 자주 한다. 무이자할부이기 때문에 안 사면 손해보는 것 같아 당장 필요하지 않은 옷을 산다거나, 5% 할인 혜택을 받으려면 전월 결제액이 최소 30만 원을 넘어야 하는 조건에 맞추려고 억지로 30만 원을 채워 쓰기도 한다.

신용카드를 사용하면서 인내심을 갖기는 쉽지 않다. 돈이 없다면 당장 무언가 갖고 싶은 욕망을 억제해야 한다. 하지만 신용카드는 지갑에 돈이 없어도 원하는 걸 살 수 있게 해준다. 하지만 소비가 늘어나면 돈을 모으는 일과 친해지기 어렵다는 건 누구나 아는 사실이다.

사람들은 순간의 유혹과 즐거움 때문에 빚쟁이가 되어간다는 사실을 생각하지 않으려 한다. 신용카드를 쓰는 건 앞으로 발생할 소득을 미리 앞당겨서 사용하는 행위다. 신용카드를 사용할 때마다 빚이 늘어나는 것도 문제지만, 더 심각한 것은 우리로 하여금 더 많은 돈을 쓰게 한다는 점이다. 물건을 살 때 직접 현금으로 내면 돈이 나가는 게 보이니까 아깝다는 생각이 든다. 하지만 카드로 계산할 때는 지출에 둔감해져서 더 많은 돈을 쓰는 경우가 잦다. 실제로 맥도날드에서 매장을 찾는 소비자들의 구매 행태를 조사한 적이 있다. 그 결과 매장에서 햄버거 등을 사 먹을 때 현금으로 결제하는 사람은 평균 1만 원, 신용카드로 결제하는 사람은 평균 1만 8,000원가량 사 먹어서 거의 2배 가까이 돈을 더 쓴다는 사실이 밝혀지기도 했다.

또한 과도한 신용카드 사용은 우리의 근로 의욕을 상실하게 만든다. 월급날의 즐거움은 월급 받는 돈으로 한 달간 필요한 예산을 짜고 미래를 위한 저축을 하는 것에서 시작된다. 하지만 술 한잔 마시고 쇼핑하는 데 신용카드를 슬금슬금 쓰다 보면 모든 것이 엉망이 된다. 월급에서 신용카드 대금을 결제할 돈을 빼면 남는 돈이 별로 없어서 다시 신용카드로 부족한 생활비를 써야 한다. 이런 상황이라면 월급은 지난달 사용한 소비지출을 메우는 돈으로 전락한다.

돈에 쫓겨 사는데 월급날이 즐거울 리가 없다. 열심히 일한 대가로 돈을 받고 그 돈을 한 푼 두 푼 모아 행복한 미래를 준비하는 아름다운 과정을 신용카드가 빼앗아 가는 셈이다. 신용카드를 쓰면 쓸수록 직장에서 고생하며 일하는 보람이 사라진다는 사실을 신용카드를 꺼낼 때마다 생각해야 한다.

● 혜택을 받는다고? 착각이다

신용카드를 사용하는 가장 큰 이유 중 하나는 다양한 할인 혜택과 부가서비스, 그리고 무이자할부를 들 수 있다. 꼭 써야 할 돈을 신용카드로 사용하는 거야 어쩔 수 없다. 하지만 할인 혜택이나 부가서비스를 위해 또는 무이자할부 혜택을 받으려고 신용카드를 쓰다 보면, 불필요한 지출이 끼어들게 된다. 꼭 써야 할 돈보다 더 쓰게 될 가능성이 크다. 카드와 관련해 우리가 잊지 말아야 할 것이 있다. 카드 할인 혜택이나 부가서비스만으로 우리는 절대 부자가 될 수 없다는 사실이다. 그깟 몇 푼의 할인 혜택이나 부가서비스에 목숨을 거느니 차라리 불필요한 지출을 줄이고 저축을 늘리는 게 통장잔고를 불리는 올바른 방법이고 지름길이다.

전월 실적 제한 없이 구입 금액의 0.7%를 할인해주는 카드가 있다고 하자. 100만 원을 쓰면 7,000원의 할인 혜택을 받고, 1,000만 원을 쓰면 7만 원의 할인 혜택을 받는다. 이 돈으로 심리적인 위안은 받을 수 있겠지만, 이 돈으로 우리는 절대 부자가 될 수 없다. 차라리 100만 원을 쓸 때 1만 원 덜 쓰고 1,000만 원을 쓸 때 10만 원의 불필요한 지출을 줄이는 게 더 이득이고 현명하다. 만약 신용카드의 할인 혜택이나 부가서비스가 그렇게 아쉽다면, 현금으로 내면서 그 이상을 깎거나 다른 부가적인 서비스를 얻을 수 있다는 걸 기억하자. 우리는 언제부턴가 물건을 사면서 "깎아주세요."라는 말을 하지 않고 있는데, 그 이유는 바로 신용카드 때문이다. 물론 요즘은 인터넷이나 모바일 구매가 많고, 현금으로 구매하는 경우는 많이 줄어들어서 물건값을 깎는 경우는 흔치 않다. 그렇더라도 신용카드 대신 현금으로 구매하거나 통장잔고 내에서 돈을 쓰는 체크카드를 사용하는 것이 불필요한 지출을 줄이는 출발점이라는 사실은 꼭 기억하자.

신용카드를 쓸 때 보너스라고 오해하는 포인트가 있다. 바로 '선포인트 결제'다. 신용카드로 물건을 살 때 일정 포인트로 물건값을 미리 내주고, 카드 회원은 카드사가 미리 내준 금액을 향후 일정 기간(보통 최장 3년) 동안 카드를 사용할 때 적립되는 포인트로 갚아 나가는 서비스다. 카드사가 미리 돈을 지원해주니까 쓸 때는 기분 좋지만, 이는 보너스가 아니라 갚아야 할 의무가 따르는 부채임을 명심해야 한다. 또한 정해진 기간 내에 카드 사용금액이 모자라 갚지 못하면 현금으로 상환해야 한다. 예를 들어 선포인트 결제로 70

만 원을 카드사가 지원했다면, 포인트 평균 적립률 1.25%를 적용했을 때 3년 동안 월평균 156만 원을 써야 적립 포인트로 상환이 가능하다. 70만 원 때문에 3년간 총 5,616만 원을 써야 한다는 의미다. 5,616만 원을 현금으로 쓴다면 아까워서 지출 자체를 줄일 수 있고, 현금을 쓰면서 조금씩만 깎는 수완을 발휘한다면 더 큰 돈을 아낄 수가 있다. '선포인트 결제'는 신용카드 회사가 우리의 지출을 늘려 수수료 수입을 늘리려는 대표적인 미끼 서비스다.

● 불편해도 괜찮아

신용카드가 지갑에 있으면 왠지 든든한 느낌을 준다. 갑자기 돈 쓸 일이 생길 경우, 신용카드의 힘을 빌릴 수 있기 때문이다. 하지만 냉정히 말하면 이런 생각은 돈을 쓰기 위한 핑계에 불과하다. 우리 부모님이나 할아버지, 할머니들은 신용카드가 나오기 전에도 불편함 없이 경제생활을 잘 해오셨다. 신용카드가 없어도 미리 쓸 돈을 예상하고 그만큼의 돈을 준비하고 다니셨고, 갑자기 돈 쓸 일이 생기면 장롱이나 통장에 넣어둔 비상금으로 해결하셨다. 신용카드가 없으면 불편하다고 느끼는 건 그만큼 빚으로 소비하는 것이 몸에 배서다. 꼭 신용카드를 써야 할 상황이라면, 꼭 필요한 지출 예산만큼으로 카드 사용한도를 줄이자. 그렇지 않다면 카드를 쓰지 말고, 한 달 월급 정도라도 비상금통장을 만들어서 비축해두자.

비상금통장은 증권사 CMA통장이나 은행 혹은 저축은행 수시 입출금통장 중에 이자를 더 주는 상품을 선택하면 된다. 주의해야 할 점은 비상금통장에 체크카드 기능을 넣지 말라는 것이다. 체크카드 기능이 있으면 수시로 물건을 살 때 돈을 써버리게 된다. 비상금통장에는 인출카드 기능만 만들어 놓자. 비상금은 말 그대로 꼭 써야 할 상황일 때만 이용해야 한다. 지출이 불편한 구조로 비상금을 관리해야 비상금이 비상금의 역할을 제대로 하게 된다. 이렇게 비상금을 만들어 놓으면 신용카드가 없어도 마음이 불안할 일은 거의 없다.

● 서비스에 속지 마라

신용카드를 사용하면 할부로 산 것을 제외하고는 쓴 금액을 결제일에 다 갚아야 한다. 하지만 할부도 아닌데 결제일에 돈을 다 안 갚아도 연체 없이 신용카드를 이용할 수 있는 방법이 있다. 바로 신용카드 '리볼빙 결제(일부결제금액이월약정)' 서비스이다. '리볼빙 결제'란 카드 이용대금 중 일부만 결제하면 남은 결제대금의 상환이 다음 달로 넘어가고, 남은 미결제금액에 대해서 이자를 내는 결제방식을 말한다. 이런 식으로 계속해서 갚아야 할 카드 결제를 미룰 수가 있다.

예를 들어 100만 원의 물건을 일시불로 사면 수수료 부담 없이 결제일에 100만 원만 결제하면 된다. 반면 리볼빙 결제는 최소 결제 비율을 10%로 정하면 결제일에 10만 원만 결제하고 나머지 90만 원은 결제가 미루어지고 해당금액에 대해 이자(수수료)를 부담하게 된다. 문제는 리볼빙 이자율이 꽤 높다는 점이다. 카드사마다 약간의 차이는 있지만 대략 5.4~23.9% 정도인데, 일부 고객을 제외하고는 대부분 20% 내외의 높은 이자율(또는 수수료율)이 적용된다. 약 20%의 이자율이 적용되면 남은 결제금액인 90만 원에 대해 연간 18만 원의 이자를 부담하게 되는 것이다. 결국 리볼빙 서비스는 카드 회원을 위해 특별히 카드사가 마련한 부가서비스가 아닌 고금리 대출상품이다. 리볼빙 서비스는 높은 금리도 문제지만 사용자들의 씀씀이를 헤프게 만드는 것이 더 큰 문제다. 자신이 쓴 돈을 곧바로 갚지 않아도 되기 때문이다.

당장 갚아야 할 부담이 적다고 해서 방심하고 계속 카드를 쓰다 보면, 사용한도는 금방 차버린다. 이렇게 되면 연체를 막기 위해 또 다른 카드를 사용하게 되고, 원금은 하나도 갚지 못한 채 리볼빙 이자로만 매월 점점 더 많은 금액을 지출하게 되는 악순환을 겪게 될 수 있다.

리볼빙 이자율은 연 20% 전후가 대부분인데, 매월 이렇게 높은 이자를 부담하다 보면 금세 카드한도를 초과하게 되고, 이를 다른 카드로 몇 년만 돌려막기 한다면, 빈털터리가 되는 건 시간문제다. 만약 연 20% 정도의 이자를 부담하면서 리볼빙 서비스를 지속적으로 이용한다면, 이자가 원금보다 더 많아지는 데 필요한 시간은 불과 4년이다. 우리가 그토록 바라던 복리효과를 카드사가 보게 되는 셈이다. 이런 상태에서 사용하는 금액마저 늘어난다면, 복리효과를 감당하지 못해 연체로 이어지고 신용불량자가 될 가능성도 커진다.

⇨ 연 20%의 이자로 100만 원을 사용할 경우

1년 후 갚아야 할 원금과 이자 : 120만 원

2년 후 갚아야 할 원금과 이자 : 144만 원

3년 후 갚아야 할 원금과 이자 : 173만 원

4년 후 갚아야 할 원금과 이자 : 207만 원

리볼빙 결제방식은 아예 사용하지 않는 게 좋다. 만약 사용하고 있다면 최소 결제 비율을 조금씩 늘리거나 보너스 등 추가로 여유 자금이 생기면 바로 원금을 상환해 나가야 한다. 만약 적금이나 예금에 가입해 있다면, 중간해 해지해서라도 리볼빙 결제금액을 모두 상환하자.

● 착한 카드도 있다

체크카드는 통장잔고 내에서 사용할 수 있는 카드다. 신용카드와 마찬가지로 지갑에 많은 돈을 가지고 다니지 않아도 편리하게 물건이나 서비스를 구매할 수 있다. 신용카드와 달리 통장잔고 내에서만 사용할 수 있으니까 현금을 쓰는 것과 같다. 체크카드를 쓸 때마다 문자 알림서비스를 통해 잔액을 확인할 수 있어서 현금을 쓸 때와 마찬가지로 돈이 줄어드는 걸 느낄 수 있다. 무엇보다 체크카드의 가장 큰 장점은 신용카드와 달리 통장에 있는 돈만 사용함으로써 합리적인 지출이 가능하다는 점이다.

체크카드가 신용카드에 비해 불리한 점은 아무리 써도 신용등급이 올라가지 않는다는 점이었다. 하지만 금융위원회는 2013년부터 체크카드 이용실적을 개인 신용평가에 반영하기로 했고, 현재는 매월 30만 원 이상, 6개월~12개월 이상 꾸준히 사용한 경우, 신용등급 산정 시 가점을 받을 수 있다. 따라서 체크카드로 신용등급을 올리려면 매월 꾸준히 30만 원 이상 사용해야 한다.

이 외에 체크카드가 신용카드에 비해 상대적으로 할인 혜택이나 부가서비스가 다소 부족한 건 사실이다. 하지만 앞서 언급했듯이 할인 혜택이나 부가서비스만으로 절대 부자가 될 수 없기 때문에 여기에 미련을 둘 이유는 없다. 반대로 생각하면 신용카드를 쓰면 가입자에게 포인트를 주고 할인 혜택을 줘도 카드사가 남겨 먹는 게 많다고 생각하면 된다.

　기능적인 면만 놓고 신용카드와 체크카드의 장단점을 비교하는 것은 핵심을 벗어난 논란이다. 신용카드와 체크카드의 가장 큰 차이는 빚으로 소비하느냐 내 돈으로 소비하느냐의 차이이며, 이것이 바로 돈의 주인이 되느냐 노예가 되느냐의 본질이다. 내 돈을 씀으로써 돈의 중요성을 깨닫고 한 푼이라도 더 저축하기 위해서는 체크카드를 쓰고 현금을 써야 한다.

·4장·
가계부를 써도
돈은 왜 자꾸 샐까?

셀프 칭찬 중

왜 저래...

잘했어 나란 존재

좋은 일이 있어 보이지만 굳이 물어보고 싶지는 않다.

저기..

난 오늘 점심 건너뛸게...

선배, 무슨 일 있어요?

아니...

흐느적

카드값 연체돼서 밥 먹을 돈 없다고 말 못 하지... 절대 못 해...

꾸르르르륵

돈은 써도 써도 항상 부족한 것 같다. 경제생활을 하다 보면 알뜰하게 지출했는데도 돈이 없어진 느낌일 때가 있다. 이럴 때는 지출 내역을 꼼꼼하게 점검해보는 일이 필요하다. 그래서 많은 사람들이 가계부 작성을 권유한다. 돈관리에 눈을 뜨기 시작한 올리브도 드디어 가계부를 쓰기 시작했다. 가계부는 계획적인 돈관리에 도움이 된다는데, 과연 단순히 가계부만 잘 적으면 정말 관리가 잘될까?

● 지출보다 저축을 먼저 적어라

요즘은 인터넷 포털이나 스마트폰 앱을 이용해 편리하게 가계부를 쓸 수 있다. 그래도 여전히 엑셀 프로그램을 활용해 적거나 노트에 직접 손으로 기입하는 아날로그 방식을 고수하는 사람들도 있다. 중요한 건 가계부를 씀으로써 우리의 재무 상태가 좋아지고 있느냐의 여부다. 아무리 가계부를 열심히 쓰더라도 나아지는 게 없다면 이내 가계부 쓰는 재미가 없어진다.

가계부를 써도 별 효과가 없는 이유는 가계부가 언제 어디서 무엇을 썼는지를 적는 지출기입장에 머무르기 때문이다. 기본적으로 가계부는 한 달간 지출한 돈의 흐름을 파악하는 데 큰 도움이 된다.

하지만 대부분의 경우 여기까지가 한계다. 현황 파악은 하지만 개선점을 찾고 실천하는 노력은 하지 않고, 항상 거기서 끝난다. 그렇다면 어떻게 돌파구를 찾아야 할까?

가장 단순한 방법이 해결책이 되는 경우가 많다. 쓰고 남는 돈으로 저축하지 말고 저축부터 저지르고 남는 돈으로 지출하는 단순한 방법이 효과가 크다. 저축부터 하고 남는 돈을 쓰면 지출이 불편한 구조가 된다. 저축을 못 하는 사람들의 공통점은 쓸 것 다 쓰고 저축을 하려 한다는 점이다. 선천적으로 알뜰한 사람을 제외하곤 저축부터 먼저 하지 않으면 절대 돈을 모을 수가 없다. 관건은 실천이다.

● 뻔한 소득이라도 돈에 꿈을 불어넣자

돈을 모으고 싶다면 돈에 대한 '나의 꿈'을 찾는 게 도움이 된다. 무조건 시작하는 저축은 오래가지 못한다. 저축을 하기 위한 구체적인 목표를 세워야 저축에 대한 꿈이 생기고 동기부여가 된다. 단순히 1억 원을 모으겠다는 목표는 아무런 의미가 없다. 구체적인 목적도 없고 기한도 없기 때문이다. 살아있는 저축 목표가 되려면 5년 후 전세자금 마련을 위해 1억 원 모으기, 또는 3년 후 결혼자금 5,000만 원 만들기 등 구체적인 저축기간과 목적이 있어야 한다. 그래야 매월 저축해야 할 금액이 정해지고, 월급을 받으면 그만큼 저축하게 된다.

또한 적은 금액이라도 구체적인 목표를 세우고 저축을 하면, 저축하는 것 자체로 미래에 대한 불안감을 많이 줄일 수 있다. 뻔한 소득으로 미래를 생각하다 보면 불안한 마음이 생기기 쉽다. 이때 언제 얼마를 만들겠다는 구체적인 목표의식이 없으면 더 큰 문제가 생긴다. 무조건 많으면 많을수록 좋다는 생각에 빠지기 쉽고, 차근차근 모으는 것에 의미를 두지 않고 무리한 투자를 하게 된다. 고수익을 노리는 무리한 투자는 지속가능하지도 않고 성공하기도 힘들다. 무엇보다 사소한 지출을 줄여서 목돈을 만드는 소중한 과정을 하찮게 여기게 만든다. 이런 생각에 빠지면 통장에 돈도 없지만 마음이 일단 가난하다. 매월 저축해 1년 후 만기 때 원금과 이자를 합해 목돈을 찾아본 사람은, 모은 금액이 많고 적음을 떠나 마음이 풍요롭다. 저축을 시작하면 이런 즐거움과 만족감을 충분히 즐길 수 있다.

부자가 되는 첫걸음은 돈에 대한 목표를 분명하고 구체적으로 세우는 것이다. 많은 사람들이 돈을 모으려 할 때 금액에 대한 목표보다 부동산, 주식, 암호자산 등 투자 대상을 먼저 생각한다. 하지만 이보다 중요한 게 있다. 돈에 대한 목표부터 분명히 세우는 것이다. 사회 초년생일 때 돈관리를 잘해서 종잣돈을 만들어 놓느냐 그렇지 못하느냐가 평생의 부를 좌우하는 경우가 많다. 사회생활 최초 5년간은 소득이 적은 시기다. 하지만 크게 돈 쓸 일도 적어서 저축하기가 좋은 시기이기도 하다. 이때 만들어 놓은 종잣돈이 이후의 삶에 큰 역할을 하는 경우가 많다. 시간이 흐를수록 수입이 늘더라도 결혼, 주택 구입, 자녀 교육비 등으로 지출도 함께 늘어난다. 따라서 지출 부담이 크지 않은 사회 초년생 때에 목돈을 마련해 놓아야 부를 쌓기가 훨씬 쉽다. 그렇다고 단기간에 큰돈을 모아야 한다는 부담감은 갖지 말자. 욕심을 부리지 말고 시간의 힘을 믿고 꾸준히 저축하는 것이 무엇보다 중요하다.

송승용의 advice

| "꿈 따위는 없어도 좋다. 꾸준한 강제저축이 최고!" |

퇴직을 앞둔 공무원이나 교사들을 종종 상담한다. 그분들은 평균보다 월급이 많은 것도 아닌데, 의외로 많은 돈을 저축해 놓은 걸 보고 자주 놀라곤 했다. 예를 들어 30년 교사로 일하다 은퇴를 앞두고 1억 원 이상의 목돈이 공제라는 상품에 가입되어 있는 경우다. 공무원들의 경우 행정공제, 경찰공제, 교직원공제 등 다양한 형태의 공제상품을 은행의 적금이나 예금 대신 이용한다. 공제를 이용하는 이유는 은행보다 조금 더 많은 이자를 주기 때문이다. 그런데 공제상품은 은행의 예금이나 적금과 달리 장기저축이 가능하다. 또한 급여에서 자동으로 공제저축금액이 빠져나간다. 즉, 급여를 손에 쥐기도 전에 강제저축 형태로 저축하는 셈이다. 이런 식으로 20~30년 이상 저축하여 모은 돈이다 보니 1억 원 혹은 2억 원 이상 많은 돈이 쌓인다.

이걸 보고 저축에 지름길은 없다는 것을 뼈저리게 느꼈다. 손에 쥐기도 전에 월급에서 강제로 저축하고, 이를 오랜 기간 지속하는 것, 그것이 바로 돈을 모으는 가장 정직하면서도 좋은 방법이다.

● 어떻게 저축할 것인가

돈을 제대로 모으기 위해서는 '반드시 1억 원의 벽을 넘어보겠다!' 는 계획을 세워보는 것도 좋다. 이제는 1억 원이 있다고 부자로 대접받는 것도 아니고 대도시에서 집을 사기는커녕 아파트 전세보증금으로 사용하기도 부족한 돈이다. 하지만 1억 원은 부모의 도움 없이, 결혼을 하고 전셋집이라도 구하기 위해 필요한 최소한의 금액이 된다. 그런데 이보다 더 중요한 것이 있다. 1억 원을 모으고 나면 '나도 돈을 모을 수 있다'는 자신감을 얻게 된다는 점이다. 또한 이후로 2억 원이나 3억 원을 만들기가 훨씬 쉬워진다. 따라서 자신의 수입을 감안해 구체적으로 언제 1억 원을 모을 것인가에 대한 계획을 세워보는 것이 중요하다.

1억 원을 모으려면 5년 동안 연 1.5%의 복리로 매월 161만 원씩, 연 3%의 복리로는 156만 원씩 저축해야 한다. 결코 만만치 않은 금액이다. 그렇더라도 목표를 세우고 다양한 상품을 통해 모아 나가다 보면, 꿈은 현실로 다가올 수 있다. 현실적으로 1억 원이 힘들다면 중간 단계로 5,000만 원의 목표를 세우고 매월 81만 원씩 적금을 붓기 시작하면 된다.

복잡하게 생각할 것도 없다. 우선 수입의 절반 이상을 월급날에 자동이체를 걸어 놓고, 저축부터 하는 것으로 시작해보자. 물론 사회생활을 하다 보면 모임이다 데이트다 돈 쓸 일도 많다. 하지만 쓰고 남는 돈으로 저축하다 보면 절대 돈은 모이지 않는다. 목표를 달성하려는 의지가 있고, 효율적으로 돈을 쓰려면 지출이 불편한 구조로 만들어야 한다. 즉, 월급날에 저축부터 하고 남는 돈으로 쓰다 보면, 통장잔고 내에서 돈을 써야 하므로 자연스럽게 지출을 통제할 수 있다.

이때 우리의 최대 적인 신용카드를 제거해야 한다. 돈에 대한 목표가 생겼다면 신용카드는 아예 사용하지 않는 것이 좋다. 신용카드는 미래의 소득을 당겨서 쓰는 것이고, 계획적인 저축을 막는 최대의 적이다. 신용카드 대신 통장잔고 내에서 지출하는 체크카드를 만들어서 사용하자. 아니면 한 달 동안 필요한 돈을 통장에서 미리 인출해두고 서랍에 넣어둔 다음, 필요한 만큼만 사용해도 된다. 현금 사용이 불편하다면 체크카드와 연계된 통장에 한 달 지출 예산만큼만 돈을 넣어두고 그 체크카드를 쓰면 된다. 스스로 자신에게 용돈을 주는 방식이면 어떤 방법이든 괜찮다. 처음에는 어렵더라도 1년만 시도해보자.

여기서 중요한 것이 있다. 고정적으로 저축을 꾸준히 하기 위해서는 비상 예비자금부터 마련해 놓아야 한다는 점이다. 보통 3개월 정도의 생활비를 넣어두면 좋지만, 직장에 다니고 있고 미혼인 경우 1개월 정도의 월급 규모면 무난하다. 저축에 대한 의욕이 넘쳐서 저축부터 하다 보면, 자칫 예기치 못하게 돈 쓸 일이 생길 때 계획이 망가져버린다. 따라서 월급을 받으면 예비자금통장에 자금을 비축해두고 그다음에 저축을 시작해야 꾸준히 저축을 이어 나갈 수 있다는 것을 잊어서는 안 된다.

저축도 습관이고 빚지는 것도 습관이다. 한꺼번에 5년의 목표를 세우다 보면 너무 막연할 수 있다. 하지만 우선은 딱 1년 동안만 수입의 절반 이상을 저축하는 습관을 들여보자. 그리고 기간을 2년, 3년으로 늘려 나간다면, 저축이 습관이 되고 평생 돈 걱정 없는 든든한 통장잔고를 갖게 될 것이다.

한 가지 덧붙일 것이 있다. 자신을 위한 선물을 준비하라는 것이다. 우리는 기계가 아니다. 돈을 모으는 것도 행복하기 위해서다. 미래의 행복을 위해 저축을 하지만, 저축만 하다 보면 지치기 쉽고 재미도 없다. 6개월 또는 1년 단위로 내가 사고 싶은 것, 혹은 쓰고 싶은 것을 위해 종잣돈 만들기와 별도로 저축을 할당해 놓는 것이 좋다. 예를 들어, 내년 휴가 때 멋진 곳을 여행하기 위해 매월 10~20만 원 혹은 적당한 금액으로 1년 만기 적금을 드는 것이다. 풍요롭진 않더라도 나의 작은 사치를 위한 저축 계획을 세워 놓는 것도 매우 중요하다.

● 한눈에 들어오는 재무현황표 만들기

가계부를 쓰지만 실제로는 효과를 보기 어려운 이유는 지출 내역을 기계적으로 적기에 급급하기 때문이다. 그렇다면 가계부보다 효율적인 방법으로 현재 자신의 재산 현황을 파악해볼 필요가 있다. 가계부는 주로 지출 내역을 적는다. 하지만 가계부만으로는 현재의 재무 상황을 체계적으로 파악하고 미래의 계획을 세우기에는 부족하다. 이럴 때는 기업들이 사용하는 자금관리 기법을 활용하면 된다. 소득과 지출 내역뿐 아니라 자산과 부채 현황도 함께 정리해 놓으면 구체적인 재산 내역을 한눈에 파악할 수 있다.

소득과 지출 내역은 기업의 손익계산서와 같다. 기업들이 얼마를 팔아서 얼마의 이익을 남기느냐를 일목요연하게 볼 수 있는 것이 손익계산서이다. 같은 방법으로 자신이 얼마의 월급을 받아서 얼마를 쓰고 얼마를 저축하는지 소득과 지출 내역을 통해 알 수 있다. 아래의 예를 참고해보자.

▷ **손익계산서 (소득과 지출 현황) 예시**

수입	지출
월수입 : 200만 원	월 기초생활비 : 70만 원 비정기지출비 : 10만 원 보장성보험료 : 15만 원 정기적금(펀드) : 50만 원 적립식펀드 : 50만 원
수입 합계 : 200만 원	지출과 저축 합계 : 195만 원
과부족	＋5만 원

소득과 지출 현황을 작성할 때는, 왼쪽에 월수입을 적고 오른쪽에 지출과 저축 내역을 적는다. 지출과 저축 내역을 적을 때는, 고정생활비 등 지출 내역을 위에 적고 밑에 저축 내역을 적는다. 그리고 수입금액과 지출 및 저축금액의 합계를 비교해보면, 새는 돈을 쉽게 파악할 수 있다.

이번에는 자산과 부채 현황을 파악해보자. 기업과 달리 가정에서 자산과 부채 현황을 꼼꼼히 정리하는 경우는 많지 않다. 하지만 자산과 부채 현황을 최대한 구체적으로 정리해서 적어 놓으면, 결혼 자금이나 주택 구입 자금 등 큰돈이 들어가는 재무적인 의사결정을 할 때 실수를 줄일 수 있다.

⇨ 자산과 부채 현황 예시

자산	부채
CMA통장 : 500만 원 예금통장 : 1,000만 원 적립식펀드 : 500만 원 퇴직금 : 1,000만 원 부동산(전세보증금) : 2억 5,000만 원	현금서비스 : 100만 원 신용대출 : 1,000만 원 담보대출 : 5,000만 원
자산 계 : 2억 8,000만 원	부채 계 : 6,100만 원
순자산	2억 1,900만 원

자산과 부채를 적을 때는 왼쪽에 자산 항목을 적고 오른쪽에 부채

항목을 적는다. 자산은 만기가 짧아서 현금화하기 쉬운 것들부터 위에 적는다. 예를 들면 CMA나 월급통장과 같은 수시 입출금통장의 잔고를 맨 위에 적고, 정기적금이나 예금 등의 순서대로 적으면 된다. 그 아래에 펀드 내역을 적고 퇴직금, 부동산 순서로 적는다. 펀드는 환매 신청 후 3일 후에 돈으로 찾을 수 있어서, 예금이나 적금에 비해 현금화하는 데 더 오래 걸리기 때문이다. 같은 원리로 퇴직금은 당장 찾기도 힘들지만 당장 쓸 돈도 아니기 때문에 펀드 아래에 적고, 현금화하기 가장 어렵고 시간이 걸리는 부동산(또는 전세보증금)을 가장 밑에 적는다. 이런 순서로 적는 중요한 이유가 있다. 돈은 필요할 때 꺼내 쓸 수 있어야 한다. 이런 순서로 정리해 놓으면, 돈이 필요할 때 구체적으로 얼마의 돈을 당장 현금화할 수 있는지 파악하기 쉽다.

오른쪽에 적는 부채 항목들도 마찬가지 원리로 적는다. 금리가 높거나 만기가 짧은 부채부터 순서대로 적어 나간다. 예를 들어 현금서비스를 맨 위에 적고, 그다음으로 만기가 긴 신용대출, 그리고 만기가 가장 길고 금리가 낮은 담보대출을 맨 아래에 적는다. 이자 부담이 큰 대출 또는 만기가 얼마 남지 않은 부채를 가장 먼저 갚아야 하기 때문이다. 사례의 경우에는 현금서비스 100만 원의 금리가 가장 높고 만기도 짧기 때문에 가장 먼저 갚아야 하는 부채가 된다.

가계부에 비해 수입/지출 현황표와 자산/부채 현황표를 만드는 게 처음에는 어렵게 느껴질 수 있다. 하지만 엑셀 등을 이용해 내용을 정리해 놓으면, 여기저기 흩어져 있는 항목들이 눈에 들어와 가계부보다 훨씬 체계적인 자산관리가 가능해진다. 막연히 내 자산이 얼마인지 머리로 생각하는 것과 구체적으로 적어 놓고 파악하는 것은 하늘과 땅 차이다. 수입과 지출 현황은 물론이고 자산과 부채 현황을 정리해 놓고 돈에 대한 의사결정을 해보자. 위험을 많이 줄일 수 있을 뿐 아니라 중요한 재무적인 의사결정을 할 때, 보다 체계적이고 전략적인 접근이 가능해진다. 저축 계획을 세우기 전에 현재의 재무 상황을 파악하자. 그리고 이를 통해 1년 단위로 저축 계획을 점검할 때 늘어난 자산을 보고 자신을 다독여주고 행복함을 느껴보자.

Get it Money

| 자산과 부채 |

자산이란 경제적인 가치가 있는 유형, 무형의 재산을 의미한다. 일반적으로 재산이라는 의미와 동일하게 사용된다. 통상 토지, 건물, 예금과 같이 경제적인 가치가 있는 유형의 자산을 말한다. 하지만 과거의 경험이나 학력 등 눈에 보이지 않는 무형의 자산도 넓은 의미에서 자산의 범주에 포함시킬 수 있다.

부채란 남에게 진 빚을 말한다. 전문적인 용어를 사용하면 '남으로부터 재화나 용역을 이용하고 갚아야 할 상환 의무'로 표현된다. 보통 부채나 채무는 같은 의미로 사용된다.

· 5장 ·

자동차를 할부로 사면
금융회사가 돈 버는 이유

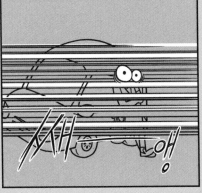

직장생활을 하다 보면 매달 입금되는 월급의 함정에 빠질 수 있다. 아직 들어오지도 않은 월급이 마치 내 돈으로 보이는 착시 효과다. 어쩌면 진도 이런 함정에 빠져서 덜컥 자동차를 구입하는 사고를 친 것일지도 모른다. 할부의 유혹에 넘어가 즉흥적으로 차를 산 것도 문제지만, 그것이 대출이라는 게 더 큰 문제다. 진은 차를 가질 수 있다는 기쁨에 그것이 빚이라는 점은 간과했다. 진만이 아니라 많은 사람이 대출 조건을 자세히 확인하지 않는다. 대출 조건보다는 대출로 구입하는 물건에만 관심을 두기 때문이다. 자동차를 할부로 사면 엄청난 금전적인 손해를 감당해야 한다. 차라리 올리브처럼 필요할 때 공유차량을 이용하는 편이 훨씬 낫다. 분명히 몇 년 후 둘의 통장잔고는 엄청난 차이가 생길 것이다.

자동차뿐 아니라 다른 물건을 살 때도 적용되는 할부금융의 원리를 알아보자.

● 할부로 살 때는 비용을 따지자

자동차는 누구나 쉽게 구입할 수 있는 상품이 아니다. 무엇보다 가격이 비싸다. 보통 수천만 원에 이르는 자동차를 현금으로만 판매한다면 어떨까? 많은 사람들이 가격에 부담을 느끼고 구입을 망설일 것이다. 그러면 당연히 자동차회사의 매출은 팍팍 줄어들 게 뻔하다. 어떻게든 소비자들의 마음을 사로잡아야 하는 기업 입장에서는 돈을 나눠 받더라도 물건을 팔고 싶은 것이다.

그렇다면 돈 많은 부자들은 어떻게 자동차를 살까? 그들은 현금(이자를 내지 않고 일시납 방식으로 산다는 의미)을 주고 산다. 현금을 전액 지불하는 대신에 다른 부가서비스나 할인 혜택을 받는다. 부자들은 빚지고 물건을 사지 않는다. 그들은 차를 할부로 사는 게 얼마나 어리석은 짓인지 잘 알고 있다. 자동차를 구매할 때 가장 바람직한 건, 가지고 있는 돈으로 차를 사는 것이다. 새 차를 할부로 사느니 중고차를 현금으로 사는 게 낫고, 중고차를 할부로 사느니 필요할 때만 공유차나 렌터카를 이용하는 게 낫다. 할부로 사는 데에는 우리가 생각하지 못한 숨어 있는 비용들이 많기 때문이다.

할부로 물건을 살 때는 단순하게 할부 이자율만 생각해서는 안 된다. 이자만 내는 것이 아니라 이자 외에 숨어 있는 비용이 있는데, 그게 바로 수수료다. 할부이자는 쉽게 알 수 있다. 예를 들어 할부금이 1,000만 원인데 할부이자가 연 6%라면, 연간 부담하는 이자는 60만 원이고 월로 따지면 매월 5만 원이다. 반면 수수료가 2%라면 할부원금 1,000만 원에 대해 2%인 20만 원을 낸다. 수수료는 한 번만 내고, 대출금에서 차지하는 비중이 크지 않아 별것 아니라고 생각하기 쉽다. 하지만 우리가 수수료에 대해 대수롭지 않게 생각한다는 점을 금융회사들은 적절히 잘 이용한다. 가장 대표적인 방식이 대출이자는 조금 낮게 표시하고 수수료를 이용해 대출이자를 보완하는 방법이다.

예를 들어, 1,000만 원에 대한 할부수수료가 1%라면, 할부기간이 1년이든 6개월이든 수수료는 똑같이 10만 원이다. 따라서 같은 금액의 수수료라 하더라도 기간이 짧을수록 부담은 크게 늘어난다. 현금서비스처럼 1~2개월 사용하는 자금이라면 1%의 수수료는 금리가 엄청나게 올라가는 것과 같다. 100만 원을 사용하는 데 1년 동안 수수료 10만 원을 떼면 10%의 부담에 그치지만, 매달 10만 원씩 떼면 1년간 120만 원의 수수료를 부담하는 셈이니까 배보다 배꼽이 더 커진다. 즉, 수수료는 똑같은 금액이라도 기간이 짧아질수록 금리를 엄청나게 올리는 효과가 있다. 1%의 수수료가 기간별로 이자율 상승에 어느 정도 영향을 미치는지 간단히 표로 정리해보자.

⇨ 1% 수수료의 기간별 이자율 상승 효과

수수료 부과기간	1년	6개월	3개월	1개월
실제 금리 상승 효과	1%	2%	4%	12%

따라서 물건을 할부로 살 때 물건을 산다는 즐거움에 빠져 수수료

에 대해 대충 넘어가서는 안 된다. 또한 할부금에 대한 이자율이 낮아 보여도 수수료를 포함해 실제 부담하는 이자율을 따져보고 최종적인 결정을 해야 한다. 지금은 자동차를 살 때 할부금융 수수료는 사라졌다. 대신 과거의 수수료가 할부 이자율에 포함되어 반영되고 있다. 하지만 자동차 이외의 물건을 살 때나 대출을 받을 때, 이자와 함께 수수료를 부담하는 경우가 종종 있으므로 수수료에 대해 꼼꼼히 살펴봐야 한다.

대출이나 할부로 물건을 살 때 미리 내는 수수료 외에 또 다른 수수료가 있다. 바로 '중도상환수수료(또는 조기상환수수료)'이다. 중도상환수수료는 여유자금이 생겨서 대출이나 할부금을 조기에 상환하고 싶을 때 내야 하는 수수료다. 중도상환수수료 역시 상환금액의 일정 비율을 한꺼번에 부담한다. 따라서 할부로 물건을 살 때에는 중도상환수수료가 있는지를 확인해야 한다. 단, 중도상환수수료는 모든 기간에 걸쳐서 발생하는 게 아니라 시간이 흐를수록 줄어들거나 사라진다. 예를 들어 주택담보대출의 경우 1년 이내에 대출을 상환하면 1.5%의 수수료를 내지만, 1년이 경과하면 1%로 줄어들고, 2년이 경과하면 0.5%로, 3년이 경과하면 없어지는 방식이 널리 사용된다. 따라서 여유자금이 생겨서 대출을 조기에 상환하고 싶다면 중도상환수수료 부담이 낮아지는 때를 선택하는 것이 좋다. 참고로 자동차할부금융 이용 시에는 중도상환수수료가 훨씬 비쌀 수 있으니 주의해야 한다. (100페이지 할부금융 예시표 참조)

● 할부금을 갚는 방식을 잘 선택해야 한다

일반적으로 자동차 할부금융을 이용하면 이자만 내지 않고 이자와 원금을 함께 갚아 나간다. 예를 들어 1년~5년 중에 만기를 선택하고 원금과 이자를 함께 갚아 나가는 식이다. 한 할부금융회사의 자동차 할부 조건을 살펴보자.

⇨ **자동차 할부금융 조건 예시표 (원리금 균등상환)**

할부기간	할부금리	취급수수료율
60개월	8.60%	5.2%
48개월	5.90~7.95%	4.2%
36개월	5.90~7.95%	3.2%
24개월	5.90~7.95%	2.9%
12개월	5.90~7.95%	1.9%

\# 중도상환수수료 : 2.5~3.0% 대출 시 책정금리에 따라 차등 적용

할부 조건 중 '할부금융 조건 예시표'의 맨 위에 적혀 있는 '원리금 균등상환'이라는 문구가 있다. 원리금 균등상환은 원금과 이자를 함께 갚아 나간다는 의미다. 이자만 내지 않고 원금을 함께 상환

하는 건 좋은데, 이게 과연 나에게 유리한 방식인지 판단하기가 쉽지 않다. 이를 제대로 판단하려면 '원리금 균등상환'과 '원금 균등상환'의 차이를 이해해야 한다.

이 부분은 학자금 대출을 포함해 모든 대출에 적용되므로 이 원리를 이해해 놓으면 실생활에서 매우 유용하게 활용할 수 있다. 이 원리를 이해하면 대부분의 자동차 할부금 혹은 다른 물건의 할부금 대출 조건이 대부분 '원리금 균등상환'이라는 것이 한눈에 쏙 들어오게 된다. 그리고 할부금융회사나 은행들이 왜 이 방식을 좋아하는지를 알게 된다. 보통 할부금융회사나 은행들이 좋아하는 방식은 소비자들에게 불리할 때가 많다. 우리가 정신을 바짝 차려야 하는 이유다.

● 비슷하지만 다른, 이자 상환 방식

원금과 이자를 함께 상환하는 방식에는 '원리금 균등분할상환' 방식과 '원금 균등분할상환' 방식이 있다. (이하 원리금 균등상환과 원금 균등상환이라 칭한다.) '원리금 균등상환'은 말 그대로 원금과 이자를 합해서 매월 동일한 금액을 갚는 방식이다. 만약 10년을 상환기간으로 본다면 금리가 일정하다고 가정하고 120개월 동안 은행에 내는 금액이 매월 같다. 예를 들어 1억 원을 연 3% 금리로 대출받을 때

금리가 변동하지 않는다면, 이자와 원금을 합해 매월 96.5만 원씩 동일한 금액을 낸다.

이에 반해 '원금 균등상환' 방식은, 원금 상환 방식은 대출기간 내내 균등하지만 이자는 매월 상환된 원금을 제외하고 산정하게 된다. 따라서 초기에 내는 부담은 더 크지만, 시간이 지날수록 매월 납입하는 금액이 줄어들게 된다. 예를 들어 1억 원을 연 3%의 금리로 대출받는다면, 첫 달은 108만 3,000원을 내지만 둘째 달은 108만 1,000원, 셋째 달은 107만 9,000원 … 이런 식으로 내는 돈이 조금씩 줄어든다. 매월 원금이 줄어들면서 부담하는 이자금액이 줄기 때문이다.

그렇다면 은행이나 할부금융회사 입장에서는 어떤 방식을 더 좋아할까? 답은 원리금 균등상환 방식이다. 2가지 이유 때문인데, 첫째는 장기간 내는 이자금액이 더 많아 이자 수입이 더 많이 발생하

⇨ **원리금 균등상환과 원금 균등상환 방식의 원리 비교**

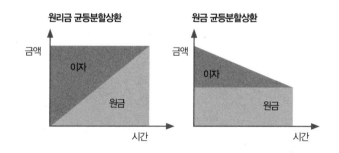

기 때문이고, 둘째는 원리금 균등상환 방식의 경우 매월 동일한 금액을 상환하더라도 초기에는 원금 비중이 적고 이자 비중이 크기 때문이다. 따라서 대출받은 사람이 중간에 여유자금이 생겨 대출을 만기 전에 상환해버리면 이자만 열심히 내고 원금은 별로 갚지 못한 꼴이 돼버린다.

그림에서 볼 수 있듯이 원리금 균등상환 방식은, 초기에는 이자 비중이 크고 중간 이후부터 원금 비중이 커지는 구조다. 따라서 만기를 절반 이상 남기고 여유자금이 생겨서 원금을 상환하려고 보면 원금 상환금액은 적고 열심히 이자만 낸 꼴이 된다. 반면 원금 균등상환 방식은 원금 상환은 매월 균등하게 되고, 시간이 흐를수록 원금이 줄기 때문에 이자가 줄어드는 구조다. 만약 중간에 대출금을 상환할 가능성이 크다면 원금 균등상환 방식을 선택해야 한다. 중도상환 없이 만기 때까지 원리금을 상환한다고 해도 총 이자금액을 따져보면, 원금 균등상환 방식이 유리하다.

⇨ **납입이자 총액 비교 (대출원금 1억 원 기준)**

상환조건 / 금리, 기간	3%		5%	
	10년	20년	10년	20년
원금 균등상환(A)	1,512만 원	2,268만 원	2,521만 원	3,760만 원
원리금 균등상환(B)	1,587만 원	2,413만 원	2,728만 원	4,142만 원
납입이자 차액(B–A)	75만 원	145만 원	207만 원	383만 원

원금 균등상환 방식과 원리금 균등상환 방식의 이자 차이는 금리가 높을수록, 그리고 상환기간이 길어질수록 더욱 벌어진다. 예를 들어 자동차 할부금리가 8% 혹은 그 이상이라면, 이자 차이는 훨씬 더 커진다는 의미다. 이렇게 보면 원금 균등상환 방식이 훨씬 좋아 보이지만, 처음에 내는 돈이 조금 더 많기 때문에 초반에 부담이 클 수 있다. 따라서 본인 소득과 상환 능력을 고려해서 선택하는 게 바람직하다. 하지만 여력이 된다면 원금 균등상환이 원리금 균등상환 방식보다 이자 부담 면에서나 조기상환 시 원금 상환금액이 더 많기 때문에 유리한 게 사실이다.

안타깝게도 자동차 할부금융의 경우 원금 균등상환 방식은 거의 없고 원리금 균등상환 방식이 주를 이루고 있다. 아예 선택의 기회조차 주지 않는 셈이다. 이런 이유로 자동차를 할부로 사는 것은 가급적 말리고 싶다. 차는 사자마자 중고가 되는데다 이자 부담도 적지 않기 때문에, 자동차를 할부로 사게 되면 금융회사만 돈을 벌게 된다는 걸 쉽게 이해하리라 믿는다. 다른 대출을 활용할 때라도 만

Get it Money

| 할부와 리볼빙 |

할부는 물건을 구입하고 돈을 여러 번 나누어 내는 것을 말한다.
리볼빙은 사용한 카드대금 중 일정 비율(예를 들어 최소 결제금액인 5~10%만 결제하면 잔여 결제대금 상환을 계속 연장할 수 있는 서비스를 의미한다.

기 전에 상환할 가능성이 크다면 애초에 원금 균등상환 방식을 선택하는 것이 좋다. 아울러 중도상환수수료 부담이 없거나 줄어드는 시기를 활용해야 손실을 줄일 수 있다.

● 카푸어를 만드는 자동차 할부

차를 사면 이자만 부담하는 게 아니다. 차를 사는 순간 목돈을 모을 기회를 상실한다. 큰돈이 들어가는 차값은 물론이고, 매월 발생하는 휘발유값과 자동차세 및 보험료도 생각해봐야 한다. 거기다 자동차가 고장나거나 사고가 났을 경우 생기는 비용과 폼나게 보이려고 세차할 때 들어가는 비용은 별도다. 눈에 보이지 않는 여러 비용들로 인해 자동차를 할부로 사는 경우, 어느 정도 금전적인 손실이 발생하는지는 생각해볼 필요가 있다. 자동차 가격을 포함해 세부내역들은 달라질 수 있지만, 대략적인 기회비용을 한번 따져보자.

⇨ 자동차를 할부로 샀을 경우 5년간 발생하는 기회비용

(가정)

자동차 가격 : 계약금 500만 원 납부, 할부금 1,500만 원 기준

매월 유지비용 : 총 40만 원 (기름값 20만 원, 보험료 & 세금 월평균 10

만 원, 수리비, 세차비, 주차비 등 부대비용 /0만 원 가정)

(기회비용 산출내역)

(/) 500만 원을 5년 만기 예금에 넣어두고 찾는 금액 :

5년 후 552만 원 (연 2% 복리 기준, 세전)

(2) 할부 /,500만 원에 대해 내야 하는 할부원금과 이자 :

5년간 /,824만 원 (원금 /,500만 원 + 이자 324만 원, 수수료 포함

실부담 이자율 연 8% 기준)

(3) 매월 유지비용 40만 원을 적금에 넣었을 경우 금액 :

5년 후 2,522만 원 (연 2% 단리 기준, 세전)

(자동차로 인해 상실되는 기회비용 합계)

(/)+(2)+(3) = 4,898만 원

산출한 기회비용은 준중형 승용차를 기준으로 했을 경우이고, 만약 차값이 비싸지거나 수입차일 경우에는, 이보다 훨씬 더 큰 기회비용이 발생한다. 차를 사는 건 전적으로 개인적인 선택이고 자유다. 또한 이로 인해 발생하는 기회손실에 책임을 지는 것도 개인적인 선택이다. 하지만 대부분의 경우 이런 기회비용에 대해서는 애써 외면하는 경우가 많다.

특히 비싼 수입차를 부담 없이 살 수 있게 해주는 듯한 '원금유예'

할부의 경우에는 더욱 조심해야 한다. 할부유예 기간이 끝나고 나면 내야 하는 유예된 원금으로 인해 차를 팔아도 원금을 갚지 못하는 경우가 종종 발생하기 때문이다. 수입차를 판매하는 업체의 교묘한 할부금융 기법이 수입차를 타보고 싶은 소비자를 유혹하는 수단으로 이용되고 있다. 이 기법에 넘어가 차를 산 많은 젊은이들이 열심히 이자만 납부하다 결국에는 감당하지 못하고 자동차를 도로 빼앗기는 경우가 수두룩하다.

차를 사고 싶더라도 돈이 부족하다면 5,000만 원이 모아질 때까지는 어떻게든 기다리는 게 좋다. 5,000만 원을 모은 후 내 돈으로 사자. 목돈을 만들어 놓으면 힘들게 모아 놓은 돈이 아까워서라도 비싼 차보다는 실용적인 차를 사게 된다. 그게 사람의 마음이다. 자동차를 사고 싶으면 구체적인 금액과 시기를 정해 놓고 저축을 시작하는 것을 권한다.

차는 분명 매력적인 자산임에 틀림없다. 그리고 내 삶을 편리하게 해준다. 하지만 내 통장에 있는 돈으로 사지 않는 한, 차가 주는 편리함과 윤택함으로 인해 평생 빚을 갚으며 사는 할부 인생이 되어간다는 것도 잊지 말자. 단순히 자동차가 있느냐 없느냐의 문제가 아니라 돈에 대한 습관의 차이가 평생 통장잔고 차이로 이어진다는 걸 상기하자.

6장

학자금 대출
어떻게 갚을까?

대학교 입학과 동시에 아버지 퇴직

용돈도 없다.

대학부터는 알아서 다녀라.

용돈은 원래 없었는데...

힘들었던 대학 시절을 보내고...

공부

알바

시험

...

간신히 졸업

그리고 취업과 함께...

왜! 왜그래! 무슨 일이야~

어서 말해봐..

사실은...

으아앙~

흐아앙~

학자금 대출 상환 통지를 받았거든요. 근데 돈이 하나도 없어요~

어떻게 해야 할지 모르겠어요... 장학재단은 전화도 안 되고...

허꾹

히꾹

결국 카페로 옴

죄송해요. 저 때문에...

괜찮아요?

올리브, 걱정마. 대출은 원래 대출로 막는 거야. 내가 이번에 마이너스통장 하나 뚫었는데 괜찮더라고. 좀 알려 줄까?

올리브처럼 취업을 하게 되면 학자금 대출의 원금상환이 시작되는 경우가 많다. 사회 초년생 때는 월급도 많지 않아 막상 대출금을 상환하려면 생활이 빠듯해지는 어려움을 겪는다. 그래도 미리미리 준비해서 나중에 후회하는 일이 없어야 한다. 돈을 갚는 일은 밀린 방학숙제를 하는 것처럼 갑자기 무리한다고 해서 할 수 있는 일이 아니기 때문이다. 미루지 말고 차근차근 갚아 나가자.

● 먼저 갚을 돈을 챙기자

요즘은 어려운 경제 여건과 사회적 변화로 인해 결혼은 물론이고 연애도 포기하는 젊은이들이 많다. 치열한 경쟁을 뚫고 취업이 되더라도 그게 끝이 아니다. 학창 시절 때 빌린 학자금 대출 때문이다. 적게는 수백만 원부터 많게는 수천만 원까지 적지 않은 대출을 안고 사회생활을 시작한다. 이로 인해 직장생활을 하더라도 결혼은 더욱 늦어지게 된다. 그렇다면 학자금 대출을 좀 더 빠르고 효율적으로 상환할 필요가 있다. 직장생활을 하면서 학자금 대출 때문에 고민이 많다면, 사례를 통해 효율적인 학자금 대출 상환 방법을 살펴보자.

⇨ 〈사례〉

가정 형편상 학자금 대출을 통해 대학을 다닐 수 있었습니다. 일반상환 학
자금 대출 네 번, 금액으로는 1,400만 원이고, 취업후상환 학자금 대출 두
번, 금액으로는 800만 원을 받아 총 여섯 번, 대출잔액이 2,200만 원입
니다. 그동안 원금은 갚을 수 없었고 매월 이자만 납부했습니다. 신입사원이
됐지만 학자금 대출 때문에 가슴이 답답합니다. 매월 나가는 이자만 5만
원 정도이고 지금까지 낸 이자만 150만 원이 넘습니다. 효율적으로 대출금액
을 상환하고 싶은데, 어떤 대출금부터 갚아 나가야 할까요?
(추가로 궁금한 게 있습니다. 이자는 대출받는 시점부터 발생하는 것인지요?
그리고 여유자금이 생길 때마다 틈틈이 추가로 더 상환하는 게 나을지, 아니
면 그냥 상환 스케줄 대로 갚는 게 좋은지도 궁금합니다.)

일반상환 학자금 대출은 일정 기간(최대 10년) 이자만 내는 거치기
간을 두다 원금과 이자를 갚아 나가는 구조다. 반면 취업후상환 학
자금 대출은 대출원금과 이자 납입을 소득 발생 전까지 유예해주
다가 연간 소득금액이 상환 기준소득을 넘었을 경우, 연간 소득금
액에서 상환 기준소득(국세청 취업 후 학자금 상환 홈페이지(www.icl.
go.kr)에서 상환금 간편계산을 통해 계산 가능)을 뺀 후 차액의 20%를
연간 상환의무금액으로 정하고 이를 매월 분할상환하는 구조로 되
어 있다.

⇨ 취업후상환 학자금 대출의 연간 상환의무금액 = (연간 소득금액 − 상환의무금액) × 20%

연간 상환의무금액을 계산하는 방식이 복잡해 보이지만, 직접 계산해보면 그리 어렵지 않다. 만약 연소득이 2,500만 원이고 고시된 상환 기준금액이 2,080만 원(급여생활자 기준, 2019년 기준)이라면, 연소득 2,500만 원에서 상환 기준소득 2,080만 원을 뺀 420만 원의 20%인 84만 원이 연간 상환의무금액이 된다. 그리고 이 돈을 12개월로 나눈 금액인 7만 원을 매월 의무적으로 상환해야 한다. 물론 이는 의무상환액이고, 여유가 있을 경우 이보다 더 상환할 수 있다. 반대로 의무상환액을 낼 상황이 못 될 경우, 한국장학재단으로 연락해 매월 최소금액(월 1만 원 이상)을 정해서 납부할 수도 있다. 이자는 대출받는 시점부터 대출잔액에 기간별 변동금리(2019년 2학기 현재 2.2%, 연도별로 금리가 변동되어왔으며, 한국장학재단 홈페이지(www.kosaf.go.kr)에서 확인 가능)가 적용되어 계산되는데, 추가로 원금을 상환할 경우 대출원금이 줄어들어 이자 부담도 준다. 졸업 후 상환 기준소득을 초과하는 소득이 발생하여 의무상환이 개시되는 경우, 이듬해 4~5월경 국세청에서 안내문이 발송된다.

사례자의 경우 일반상환 학자금 대출과 취업후상환 학자금 대출의 대출금리를 확인해본 후, 금리가 높은 것부터 상환하는 것이 좋다. 취업후상환 학자금 대출금리는 변동금리지만, 일반상환 학자금 대출금리는 대출을 받을 당시의 금리가 고정된 고정금리 대출이다. 최근 금리가 낮아지고 있는 걸 감안하면, 오래 전에 받은 일반 학자금 대출금리가 높을 수 있다. 따라서 여러 건의 학자금 대출을 받았다면, 건별로 대출금리를 확인해 금리가 높은 것부터 상환하는 전략이 바람직하다. 모든 학자금 대출은 여유 있을 때마다 추가로 상환이 가능하므로 보너스 등을 받았다면 이를 활용해 높은 금리의 대출부터 틈틈이 갚아 나가는 것이 좋다.

● 대출 상환만 하지 말고 저축도 함께

대출 상환과 함께 생각해볼 것이 있다. 대출금만 갚게 되면 직장에서 열심히 일하는 재미가 없다. 따라서 대출 상환과 저축 계획을 병행해서 진행하는 게 심리적으로나 경제적(돈관리 측면)으로 중요하다. 다행히 학자금 대출은 높은 금리를 부담하는 대출이 아니어서 미래를 위해 필요한 저축이 있다면 함께 진행해 나가도 무방하다. 물론 일반적으로 대출금리가 예금이나 적금금리보다 높아서 대출을 갚는 게 당연히 이득이다. 하지만 그 금리 차이가 별로 크지 않다면 저축하는 재미를 통해 돈에 대한 동기부여를 얻는 게 심리적으로 이득일 수 있다. 대출금을 빨리 갚기 위해 저축을 더 치열하게 하다 보면 좋은 결과로 이어지는 사례도 주변에서 많이 봤다. 예금과 대출의 사소한 금리 차이는 조금 덜 쓰고 조금 더 저축하는 습관을 통해 충분히 극복 가능하기 때문이다.

예를 들어 연 2.2%의 대출금리로 500만 원의 학자금 대출을 사용하고 있고, 연 2% 금리를 주는 예금통장에 500만 원을 넣어두었다고 치자. 이 경우 500만 원의 대출에 대한 이자는 연간 11만 원, 예금통장에 넣어둔 이자는 세후(이자소득세 15.4% 차감 후)로 연간 84,600원이다. 연간 이자 차이는 25,400원이고, 월간으로는 2,116원이다. 이 정도의 차이는 매월 1만 원 정도 저축을 더 하는 것으로 극복이 가능해진다. 아니 저축을 조금 더 많이 함으로써 오히려 자산이 늘어나게 된다. 눈에 보이는 것만이 다가 아니다. 예로부터 저축은 머리로 하는 게 아니라 가슴으로 하는 것이라는 걸 많은 사람들이 증명해왔다.

은행을 제외한 제2금융권(저축은행, 신협, 새마을금고 등)의 적금과 예금상품 중에는 학자금 대출금리보다 더 높은 이자를 주는 상품도 있어서 저축을 병행해도 문제가 없다. 또한 적립식펀드와 같은 투자상품을 장기적인 관점에서 병행하는 것도 괜찮다. 10년 이상 장기 투자의 경우, 학자금 대출금리보다 높을 수 있기 때문이다. 그렇더라도 대출금리가 예금금리에 비해 훨씬 높거나(예를 들어 연 0.5%포인트 이상) 혹은 대출금액이 많다면 대출부터 갚아야 한다.

대출과 저축을 병행하는 사례는 많다. 예를 들어 월소득이 200만원이고 저축 여력 금액이 100만 원이라고 하자. 학자금 대출이자로

10만 원, 원금상환으로 10만 원이 들어간다면, 나머지 80만 원 중 40만 원은 대출원금 상환을 위해 적금으로 모아가고, 나머지 40만 원은 미래를 위한 저축으로 활용하는 것이다. 사례자의 경우라면 매월 40만 원씩 불입하는 적금으로 4년 후면 학자금 대출 상환을 모두 끝낼 수 있고, 저축을 통해 목돈 마련도 가능해진다. 만약 조금 더 저축한다는 각오로 40만 원 대신 41만 원을 저축하면, 저축을 병행한 효과는 더 커진다.

학자금 대출이 있다면 너무 답답해 하지 말고, 각각의 조건을 확인해보고, 이자 부담이 큰 대출부터 상환해 나가자. 그리고 행복한 미래를 위해 저축도 병행하자. 학자금 대출이 우리를 조금 불편하게 할 수는 있다. 하지만 전략만 잘 짜서 준비해 나가면, 앞길을 방

Get it Money

┃ 현금서비스와 카드론 ┃

현금서비스란 카드사가 카드 회원들에게 정해진 한도 내에서 일정 기간 동안 현금을 빌려주는 서비스를 말한다. 보통 30~60일 동안 단기로 돈을 빌려준다. 현금서비스는 단기대출상품이며 금리가 보통 연 20% 내외로 높기 때문에, 급하게 돈이 필요할 때만 잠깐 쓰고 빨리 갚아야 한다.

카드론은 카드사가 카드 회원을 대상으로 회원의 신용도와 카드 이용실적에 따라 대출을 해주는 상품이며, 단기인 현금서비스에 비해 대출금액도 크고 대출기간도 길다. 보통 3개월~3년까지 대출을 해준다. 카드론의 대출금리는 은행의 신용대출에 비해 훨씬 높은 연 10%대 중후반~연 20%대에서 형성된다. 카드론을 사용하면 개인 신용등급에 좋지 않은 영향을 끼칠 수 있으므로 가급적 사용하지 않는 것이 좋다.

해하지는 않을 것이다.

● 마이너스대출이 신용대출보다 금리가 높다

많은 사람들이 비상자금용으로 마이너스대출 통장을 만들어 놓는다. 소액을 빌리려고 복잡한 서류를 준비하는 부담이 없고, 현금서비스나 카드론보다 이자 부담이 적기 때문이다.

마이너스대출은 한도를 정해 놓고 그 한도 내에서 자유롭게 대출을 이용하고 상환할 수 있다. 필요할 때 필요한 만큼만 대출을 이용함으로써 대출이자 부담을 최소화할 수 있다는 장점이 있다. 하지만 마이너스대출의 금리는 일반 신용대출 금리보다 약간 높다. 왜 그럴까?

은행 입장에서는 신용대출로 1,000만 원을 빌려주나 마이너스대출 한도로 1,000만 원을 설정해주나 똑같이 1,000만 원의 대출이 발생한 것으로 간주하고 대출 관리를 한다. 은행은 고객이 예치해 놓은 돈(예금이나 적금 등 수신)에 비해 과도하게 대출이 발생하지 않도록 내부적으로 한도를 정해 놓고 이 한도 내에서 대출을 운용한다. 그런데 마이너스대출의 경우 정해진 한도를 고객이 다 사용하지 않더라도 마이너스 한도만큼 대출한도가 줄어들어 다른 곳에 돈을 빌려주지 못한다.

예를 들어 A은행에서 대출을 해줄 수 있는 한도가 총 100억 원인데 고객들에게 마이너스 한도로 10억 원을 줬다면 10억 원을 제하고 90억 원만 대출로 운용할 수 있게 된다. 결과적으로 고객이 마이너스대출 통장을 개설만 하더라도 은행은 대출에 대비해 돈을 준비해야 한다. 또한 일반대출의 경우에는 빌려준 만큼 이자를 받아 은행으로서는 고정적인 수익이 발생하지만, 마이너스대출의 경우 이자수익이 들쭉날쭉할 수밖에 없다. 즉, 고객이 마이너스통장을 개설해놓고 대출을 이용하지 않는다면 이 돈을 다른 데 빌려줘서 얻을 수 있는 수익 기회를 놓치게 된다. 이러한 기회비용들을 감안해서 은행은 마이너스대출의 금리를 조금 더 높게 책정한다고 보면 된다.

마이너스대출 통장은 사용하기 편하지만, 슬금슬금 빼 쓰다 보면 어느덧 대출한도를 다 소진하게 된다. 특히 ATM 기기나 스마트폰을 통해 마이너스대출 잔액에서 돈을 인출할 때는, 대출 버튼이 아닌 예금인출 버튼을 누르게 된다. 마치 통장잔고 내에서 돈을 쓰는 것과 같은 착각을 불러일으키는 것도 돈을 수시로 빼 쓰게 하는 요인이다. 결국 애초에 마이너스대출을 통해 기대했던 '쓴 만큼만' 이자를 내려는 의도는 사라지고, 신용대출보다 더 높은 금리로 쓰는 고정대출을 이용하는 것으로 전락할 수 있다.

마이너스대출은 가급적 이용하지 말자. 비상금이 필요하다면 마이너스대출을 이용하기보다는 비상 예비자금통장을 만들어 별도로 비축해두고 사용하는 것이 바람직하다.

● 대출받을 때는 가산금리를 꼭 확인하자

은행은 고객들로부터 예금이나 적금을 받아서 이자를 주는 대신 그 돈을 이용해 대출이 필요한 사람에게 빌려주고 이윤을 챙긴다. 가령 예금이자율이 1.5%이고 대출이자율이 3%라면, 은행은 대출이자율과 예금이자율의 차이인 1.5%포인트의 마진을 얻게 된다. 은행 입장에서는 예금에 주는 이자율이 원가이고, 대출을 통해 받는 이자율이 판매가가 된다. 이렇게 원가에 얹어서 붙이는 금리를 '가산금리'라고 한다. 즉, 가산금리는 대출자의 신용도 등에 따라 기준금리에 덧붙이는 금리를 말한다. 가령 코픽스(Cofix) 연동 대출금리인데, 코픽스금리가 1.5%이고 가산금리가 2%라면 코픽스 대출금리는 3.5%가 된다.

앞서 설명한 것과 마찬가지 원리로 은행은 예금이나 적금, 혹은 은행채 등으로 돈을 조달하고(은행 입장에서 이런 조달 비용이 1.5%라면 이 금리가 '코픽스'라는 지수에 반영됨), 여기에 2%의 마진을 붙여 3.5%로 대출해준다고 이해하면 된다. 그런데 가산금리는 대출상품에 따라 달라지고 대출받는 사람에 따라 달리 적용된다.

예를 들어 신용평점이 높은 사람은 가산금리를 1%포인트만 붙이지만, 신용평점이 중간 수준으로 낮은 사람에게는 가산금리가 2%포인트로 올라가게 된다. 한마디로 말해 은행은 사람 봐가면서 가산금리를 올렸다 내렸다 한다. 따라서 대출을 받을 때는 단순히 대출금리만 확인하면 안 되고 기준금리와 가산금리를 구분해서 확인해야 한다. 그래야 나에게 적용한 금리가 실제로 내게 유리한지도 알 수 있다. 은행 간 금리를 비교할 때는 두말할 필요도 없이 가산금리가 낮은 은행을 선택해야 한다. 가산금리는 은행 직원에게 물어보면 쉽게 확인해준다.

● 대출금리가 정해지는 원리, 신용평점 관리가 필요한 이유

은행에 돈을 빌리러 갈 때 우리는 왠지 아쉬운 소리를 해야 한다는 생각에 사로잡혀 은행 직원이 권하는 대출상품을 그대로 선택하기 쉽다. 하지만 대출도 공짜가 아니라 적절한 비용을 내고 이용하는 금융상품이다. 그리고 이자를 냄으로써 은행이 돈을 버는 데 기여를 한다. 따라서 대출받을 때도 기죽지 말고 예금이나 적금상품을 고를 때와 마찬가지로 유리한 금리와 조건을 가려내야 한다.

대출을 받을 때 가장 중요한 건 싸게 빌리는 것이다. 싸게 돈을 빌리려면 신용평점이 좋아야 한다. 신용평점은 돈을 빌려주면 안전한지 여부, 즉 돈을 빌리는 사람의 '부채상환 능력'을 점수로 표시한 것이다. 우리가 뉴스나 신문에서 많이 접하는 국가신용등급 또한 마찬가지다. 개인이든 국가든 혹은 기업이든, 신용등급(국가나 기업의 신용도는 점수가 아니라 등급으로 표시함)이 좋으면 낮은 금리로 많

은 돈을 빌릴 수가 있지만, 신용점수나 등급이 나쁘면 돈을 빌리기 힘들 뿐 아니라 높은 이자를 부담해야 한다.

예를 들어 신용평점이 좋은 사람이 은행에서 1,000만 원을 빌리는 데 연 3%의 이자를 부담할 경우 1년간 이자는 30만 원에 그치지만, 신용평점이 낮아서 저축은행을 통해 연 20%의 이자를 주고 돈을 빌리면 연간 이자가 200만 원으로 이자금액만 6.6배나 차이가 나게 된다. 이자 차이도 엄청나지만 신용평점이 낮으면 돈을 빌리기가 힘들기 때문에 평소에 신용관리를 잘 해둬야 한다. 또한 사소한 부주의로 신용평점이 낮아지게 되면 회복할 때까지 많은 노력과 시간이 필요한 만큼, 신용에 영향을 미치는 것들을 정확하게 알고 있어야 한다. 안타깝게도 학창 시절에 받은 학자금 대출이자를 꼼꼼히 챙기지 못해 연체기록이 생길 수도 있고, 본인의 신용평점이 떨어진 것도 모르고 있다가 불이익을 당하는 사례도 있다.

● 신용관리는 돈관리다

개인 신용평점은 1점부터 1,000점으로 구분된다. 점수별로 최우량, 우량, 보통, 주의, 불량으로 나누어진다. 기존 등급제에서는 1~2등급이면 '최우량등급', 3~4등급은 '우량등급', 5~6등급은 '일반등급', 7~8등급은 '주의등급', 9~10등급은 '위험등급'으로 분류되었는데, 은행에서 불편 없이 신용대출을 받으려면 최우량등급에 속해야 했다. 가급적 3~4등급 이내여야 돈을 빌릴 때 불이익을 당하지 않았고, 특히 7등급(600~664점) 이하의 경우 대출받기가 힘들었다. 신용평점제로 바뀌면 등급으로 분류할 때보다 분별력이 높아져 7등급의 상위점수인 664점 정도인 경우에도 대출이 가능해진다고 한다. 그렇더라도 최소한 700점 이상이어야 대출 가능성이 커지고, 800점 이상은 되어야 큰 불편 없이 대출이나 신용생활이 가능할 것으로 예상된다.

은행은 대출 심사를 위해 자체적으로 개인 신용을 평가하고 관리한다. 은행 외에는 NICE지키미, 크레딧뱅크, 올크레딧 등 민간 신용조회회사에서 개인 신용평점에 대한 정보를 제공한다. 그런데 은행 등 금융회사에서 산정하는 신용평점과 민간 신용정보회사에서 산정하는 신용평점은 약간의 차이가 있다. 은행 등 금융회사들의 산정 기준과 신용조회회사들의 산정 기준이 조금씩 다르기 때문이다. 또한 민간 신용조회회사들 간의 점수도 내부 기준에 차이가 있어 약간씩 다를 수 있다.

은행의 경우 개인의 소득, 직업, 거래실적 등도 보게 되는데, 단순히 소득의 많고 적음보다는 안정적인 소득일수록 평점 산정에 유리하다. 이런 이유로 공무원이나 대기업 또는 상장회사 직원일 경우 좋은 평점을 받게 된다. 은행 입장에서는 다니는 직장이 안정적이어야 매달 이자를 잘 낼 수 있다고 생각하기 때문이다. 또한 대출받고자 하는 은행에서 발급하는 카드를 사용하거나 예금, 적금, 보험, 연금상품 등이 있다면 대출받는 데 유리하게 작용한다.

신용카드 사용이 신용평점에 유리하다는 말을 들으면 신용카드를 많이 써야겠다고 생각할 수 있다. 하지만 신용카드를 통해 등급을 높이려면 많이 쓰는 것보다 적은 금액이라도 오랜 기간 연체 없이 쓰는 게 중요하다. 또한 할부보다는 일시불로 꾸준히 써야 등급에 유리하게 작용한다. 무이자할부를 좋아하는 사람들은 신용평점 올리기가 어렵다는 점에 주의하자. 최근에는 체크카드만 잘 써도 (월 30만 원을 6개월 이상 꾸준히) 신용평점에 도움이 되니까 신용평점을 높이기 위해 신용카드를 집중적으로 써야 한다는 생각은 하지 않아도 된다. 신용카드는 과소비의 주역이며 무리하게 신용카드를 사용하고 이를 수습하느라 대출을 받는 경우를 종종 보기 때문이다. 적어도 통장에 돈 걱정 없이 살 정도의 잔고가 쌓이기 전에는 신용카드 사용을 두려워하고 자제하는 것이 바람직하다.

소득이 많더라도 연체를 하면 신용평점은 낮아진다. 반대로 소득은 많지 않더라도 오랜 기간 대출이나 신용카드를 연체 없이 사용한다면 신용평점은 높아진다. 신용조회회사에서 산정하는 신용평점은 은행연합회 등을 통해 수집된 거래정보를 기반으로 산출되기는 하지만 신용조회회사마다 반영하는 항목에 약간의 차이가 있다. 그렇더라도 은행과 신용조회회사들은 서로 상대방의 자료를 참고한다고 볼 수 있다. 은행도 신용조회회사의 자료를 참고하고 신용조회회사도 은행연합회 전산망을 통해 얻은 정보를 신용평점에 반영하기 때문이다.

많은 사람들이 사회 고위층 인사이거나 소득이 많으면 신용평점이 높을 거라고 생각하지만, 이는 사실과 무관하다. 사회 고위층 인사나 재산의 많고 적음, 또는 소득에 상관없이 대출이나 신용카드 거래실적이 없으면 신용평점은 높지 않을 수도 있다.

● 신용도가 좋아지면 금리 인하를 요구하자

'금리인하요구권'은 '금리협상권'이라고도 하며, 대출받은 사람이 은행에 금리를 깎아 달라고 요구할 수 있는 권리이다. 2003년에 도입됐지만 은행들이 홍보를 적극적으로 하지 않아 한동안 많은 소비자들이 모르고 있었다. 하지만 정부가 은행들에게 금리인하요구권을 소비자들에게 적극 알리도록 권하고, 절차도 간편하게 하면서 지금은 많이 활성화되었다. 금리인하요구권은 취직을 하거나 승진해서 소득이 늘어났을 경우, 또는 더 좋은 직장으로 이직했거나 신용등급이 올라갔을 경우, 전문자격증 취득 등 대출자에게 유리한 상황이 발생하는 경우 은행에 요구할 수 있다. 대출만기 전이라도 언제든 요구할 수 있으며, 신용대출뿐 아니라 담보대출 등 모든 대출에 활용이 가능하다. 단, 본인에게 유리한 경우에만 활용해야 하는데, 간혹 무조건 금리 인하를 요구했다가 연체 사실이 발견되어 오히려 금리가 올라갈 수도 있다. 따라서 금리인하요구권을 사용하기 전에 본인에게 유리한 상황인지를 잘 따져보고 활용하는 지혜가 필요하다.

· 7장 ·

무리한 재테크는
요요현상을 부른다

"그래 결심했어!"라고 많은 다짐을 하지만 쉽게 무너지는 것들이 있다. 대표적인 것이 다이어트와 금연이다. 재테크도 조금 안다고 생각해서 계획을 너무 거창하게 잡으면 실패하기 쉽다. 재테크를 결심하는 건 좋지만 올리브처럼 무리하게 시작하면 금방 지친다. 실패는 의욕을 상실하게 해서 이전보다 재테크에 무관심해지는 요요현상을 불러온다. 남들이 다 한다고 무턱대고 통장 나누기에 도전하기보다 돈에 대한 가치관을 정립하는 게 중요하다.

● 저축에 성공하기 위해 필요한 것들

우리는 저축을 할 때 극과 극을 달리는 사람들을 보게 된다. 저축에 대한 욕심이 발동하면 엄청난 절약 정신이 발휘되면서 무진장 열심히 저축을 한다. 하지만 일순간 걷잡을 수 없이 망가진다. 저축이 망가지는 건 특별한 이유가 있어서일 수도 있지만, 저축이 체질화되기도 전에 단기간에 무리하게 하다가 저축에 대한 목표를 잃거나 소비에 대한 유혹에 빠져서다. 지출을 줄여 저축하는 것은 바람직하다. 그러나 과도하게 지출을 줄이고 예비자금 없이 저축을 하다 보면, 뜻하지 않은 지출이 생겼을 때 간신히 모은 돈을 헐게 된다.

한 번 깨진 목돈은 푼돈일 뿐이다.

100만 원씩 저축하다가 한동안 아예 저축을 안 하는 사람보다는 흔들림 없이 꾸준히 50만 원을 저축하는 사람이 더 많은 돈을 모은다. 단순히 이자가 더 많이 생기거나 복리효과 때문이 아니다. 저축은 습관의 문제이기 때문이다. 저축이 들쑥날쑥인 사람들은 망가질 때 그동안 애써 모아 놓은 돈마저 다 써버리기 쉽다.

꾸준히 저축하는 것도 중요하지만 소득이 증가할 때마다 저축금액을 꾸준히 늘려주는 것 또한 매우 중요하다. 특히 예금이나 적금 금리가 낮은 상황에서는 이자를 통해 돈이 불어나는 효과가 미미하기 때문에, 꾸준히 저축금액을 늘려줘야 장기적으로 돈이 불어나는 효과를 제대로 볼 수 있다.

♣ 상품 선택보다 인생설계부터

많은 사람들이 저축을 시작할 때 상품부터 고민한다. 어떤 적금상품에 가입하면 이자를 더 받을 수 있는지, 또는 어떤 펀드가 좋은지 등에 대한 고민들이다. 특히 재테크에 관심이 많은 사람일수록 상품부터 이야기한다. 상품에 대한 이야기가 나쁘거나 잘못된 건 아니다. 하지만 상품은 나중에 고민해도 늦지 않다. 이보다 먼저 해야 할 것이 있는데, 그건 바로 '인생설계'다. '인생설계'라고 해서 거창하게 생각할 건 없다. 그냥 나의 미래를 그려보면 된다.

'내 나이 서른인데, 남자친구도 벌써 서른 셋이네. 그럼 2년 후에는 결혼해야겠지?', '결혼자금이 2년 후에 얼마가 필요할까? 지금 가지고 있는 돈 빼고 매월 얼마씩 저축해야 하지?' 혹은 '내가 몇 살 때 우리 아이가 초등학생이 되지?', '10년 후에는 집을 사고 싶은데, 어디에 얼마짜리 집을 사는 게 좋을가?' 이런 질문을 스스로에게 구체적으로 던져야 한다.

이런 질문이 필요한 건 시간의 흐름에 따라 언제 얼마의 돈이 필요한지 예측하기 위해서다. 그래야 돈을 모으고자 하는 목표, 즉 '재무목표'를 세울 수가 있다.

돈에 대한 목표와 목표를 달성해야 하는 시기가 정해지면 매월 의무적으로 저축해야 할 금액도 산출된다. 예를 들어 3년 후 종잣돈 혹은 결혼자금 5,000만 원을 마련한다는 목표를 세웠다면, 매월 136만 원씩 저축해야 하고, 5년 후 창업자금 1억 원을 모으려 한다면 매월 161만 원씩 저축해야 한다. 그런 다음에 기간에 맞는 상품 선택에 들어가면 된다.

만약 3년 이내에 모아야 할 돈이라면 안전한 적금이나 예금상품을 이용해야 하고, 최소한 5년에서 10년 이상의 시간적 여유가 있을 경우에는 펀드와 같은 투자상품을 이용하면 약간의 위험을 감수하고 조금 더 높은 수익을 기대할 수 있다. 이렇게 큰 그림을 그린 다음 적금 중에서 금리가 높거나 세금이 적은 상품, 그리고 펀드 중에서 운용 성과가 좋은 상품을 고를 수 있다.

특히 10년 이상 유지해야 하는 연금상품이나 장기저축보험은 상품 선택 전에 저축금액부터 신중하게 정한 후 상품을 선택해야 한다. 이런 상품들은 노후자금 마련이나 자녀가 어릴 경우 교육자금 마련을 위한 용도 등 장기적인 재무목표에 한해 이용하는 것이 바람직하다. 단순히 금리가 조금 더 높다는 이유나 비과세 혜택을 볼 수 있다는 말에 현혹되어 가입했다가는 큰 낭패를 보게 된다. 돈이 필요해서 만기 전에 중도 해약할 경우, 초기에 발생하는 적지 않은 사업비 부담으로 원금 손실이 발생할 수 있기 때문이다. 따라서 어떤 목적으로 언제 돈을 모으겠다는 저축 계획이 없이 상품부터 선택하는 일은 없어야 한다.

또한 장기저축성보험이나 연금보험처럼 10년 이상 유지해야 하는 장기상품에 대한 저축 비중은 가급적 소득의 10% 선을 넘지 않는 것이 안전하다. 이보다 비중이 높을 경우 당장 써야 할 돈이 부족해지거나 1~2년 이내에 사용할 단기자금이 부족해져서 현금흐름이 나빠질 수 있다.

♣ 저축통장을 받쳐주는 호위통장 만들기

저축이 망가지는 또 다른 이유는 저축을 체계적으로 유지하는 데 필요한 시스템이 없어서다. 우리는 주변에서 저축 계획을 세우고 의욕적으로 저축을 시작하지만 중간에 포기하는 경우를 자주 본다. 포기하는 이유는 다양하지만 가장 흔한 이유는 갑자기 돈 쓸 일이 생길 경우다. 만약 저축하고자 하는 의욕은 있는데 체계적인 방법을 몰라서 망가지는 경우라면, 저축을 위한 시스템을 갖춰 놓으면 된다. 즉, 저축하기 전에 기초 작업을 잘해 놓으면 거북이처럼 꾸준히 저축을 이어 나갈 수가 있다.

항공모함이 순항하기 위해서는 구축함과 잠수함이 호위해야 하는 것처럼, 저축이 순항하기 위해서도 저축통장을 호위하는 통장들이 필요하다. 저축통장을 호위하는 통장은 '비상 예비자금통장' 과 '비정기 지출통장'이다. 많은 사람들이 저축만을 생각하기 때문에 일을 그르친다. 멋진 주연이 탄생하기 위해서는 주연 못지않은 탁월한 조연이 필요하듯, 저축통장이 빛나기 위해서는 조연인 비상 예비자금통장과 비정기 지출통장의 적절한 도움이 필요하다.

● 비상 예비자금통장과 비정기 지출통장 만들기

돈관리의 기본은 통장을 잘 관리하는 것부터 시작한다. 통장관리 하면 많은 사람들이 '월급통장은 뭐가 좋을까?'라는 생각부터 하기 쉽다. 하지만 월급통장을 두둑하게 만들려면 가장 먼저 만들어야 하는 통장이 '비상 예비자금통장'이다. 아무리 저축 계획을 잘 짜고 실행에 옮긴다고 해도 살다 보면 예기치 못한 일들이 생긴다. 이럴 때 사용할 목적으로 비상 예비자금통장을 만든다.

가장 이상적인 예비자금의 규모는 6개월 정도의 소득이다. 갑자기 실직을 하더라도 새로운 직장을 찾으면서 기존의 생활을 유지할 수 있으려면, 6개월 정도의 급여를 비축해 놓는 것이 안전하기 때문이다. 하지만 직장이 안정적이라면 3개월 정도의 생활비나 1개월치 월급 정도만 준비해도 큰 무리는 없다. 비상 예비자금을 위한 통장으로는 수시로 입출금이 가능하면서 조건 없이 이자를 주는 증권사의 CMA나 증권사나 은행 모두에서 가입할 수 있는 MMF통장 등이 무난하다. 일부 저축은행의 경우 수시로 입출금이 가능하면서도 높은 이자를 주는 상품이 있으므로, 저축은행의 수시 입출금통장 금리도 확인할 것을 권한다.

비상 예비자금과 동시에 만들어야 하는 통장이 '비정기 지출통장'이다. 우리가 일상생활을 하면서 쓰는 지출은 크게 2가지 종류가 있다. 매월 일정하게 발생하는 지출 즉, 관리비, 교통비, 통신비 등의 정기적인 지출이 있는 반면, 경조사비, 각종 세금, 자동차보험료, 부모님이나 친구 생일선물 비용, 옷이나 화장품 비용, 술 마시는 비용, 명절 비용 등 비정기적인 지출이 있다. 그리고 의외로 많은 항목들이 비정기적인 지출에 해당한다. 매월 정기적으로 발생하는 비용에 대해서는 대부분 중요하다고 생각하고 신경을 쓰지만, 비정기적인 지출은 크게 신경 쓰지 않는 경우가 많다. 하지만 저축이 망가지는 주원인은 정기 지출이 아닌 비정기 지출 때문이다. 마치 전쟁이나 스포츠에서 기습공격에 무너지는 경우가 많은 것과 비슷하다.

따라서 저축을 오랜 기간 안정적으로 하려면 정기 지출보다는 비정기 지출에 더 많은 관심과 무게중심을 둬야 한다. 이를 위해서는 매월 고정적으로 발생하는 지출을 관리하는 통장과 비정기적인 지출을 관리하는 통장을 각각 만들고 별도로 구분해서 이용해야 한다.

정기적인 지출은 급여통장이나 기존에 사용하던 주거래통장을 이용하면 되고, 비정기 지출은 매월 고정적으로 발생하지 않기 때문에 CMA나 MMF통장을 하나 더 만들어서 사용하면 된다. 예를 들어 비정기적인 지출로 연간 300만 원이 필요하다면 월평균 25만 원을 쓰는 셈이니까 매월 이 금액을 지출 여부와 상관없이 비정기 지출통장에 비축해두고, 필요 시 꺼내 쓰는 것이 좋다. 비정기 지출에 대한 이름은 목적에 맞게 맞춤형으로 만들어서 세분화할 수도 있다.

예를 들어 여성이라면 옷이나 화장품 구입 등에 대한 비중이 높다. 이에 대비해 '꾸밈통장'을 별도로 만들어 사용할 수 있고, 남성의 경우 지인이나 선후배, 친구 등과의 모임으로 지출이 많다면 '사교통장'을 만들어서 관리해 나갈 수도 있다.

만약 비정기 지출을 제대로 관리하지 못하면 비정기 지출이 몰리는 달에는 적자가 발생해서 그동안 애써 모아뒀던 저축을 해지하거나 빚을 내야 할 수도 있다. 그렇다고 비상 예비자금을 비정기 지출용으로 자꾸 써도 안 된다. 금방 비상 예비자금이 바닥나버려 결국 저축통장마저도 위험해질 수 있기 때문이다. 따라서 비상 예비자금통장과 비정기 지출통장은 목적이 다른 만큼, 통장도 구분해서 관리한다는 원칙을 세워야 체계적인 자금관리도 되고 저축도 잘할 수 있다.

● 금방 사라지는 보너스 관리하기

보너스는 받을 때는 기분이 참 좋지만 제대로 관리하지 못하면 순식간에 허공으로 사라진다. 이런 보너스의 강한 휘발성 때문에 보너스는 급여통장에 들어오자마자 사라지지 않도록 잘 관리해야 한다. 그렇다면 보너스는 어떻게 관리하는 것이 좋을까?

보너스도 매월 규칙적으로 들어오는 월급처럼 만든다고 생각하면 된다. 이를 위해서는 번거롭더라도 보너스 관리통장을 따로 만들거나 아니면 자동이체를 걸어놓는다는 전제하에 월급통장과 통합해서 활용할 수 있다. 보너스는 발생하는 빈도에 따라 관리 방법이 달라진다. 예를 들어 보너스가 분기별 혹은 몇 개월마다 발생하는 경우와 명절 때나 연말연초 등에 집중적으로 발생하는 경우로 구분해서 대응하면 된다.

만약 2~3개월마다 발생하는 경우라면, 발생하는 보너스를 평균으로 나눠서 매월 일정한 소득이 발생하는 것처럼 만들 수 있다. 예를 들어 3개월마다 보너스가 100만 원씩 발생한다면 보너스가 들어오는 날 월급통장(또는 보너스통장)에 넣어두고, 매월 33만 원씩 자동이체로 돈이 빠져나가게 해 놓으면 월 고정저축금액을 늘리는 효과를 볼 수 있다. 따라서 매월 정기적금이나 적립식펀드로 돈을 모을 경우에는, 보너스 금액까지 포함해서 자동이체 금액을 설정해 놓으면 된다.

반면 연말이나 연초 등 해마다 한두 차례에 걸쳐 집중적으로 보너스가 발생하는 경우라면, 목돈이 발생하는 시점에 정기예금이나 채권형펀드 등 안전한 거치식 상품을 활용해서 목돈을 한꺼번에 넣어둘 수 있다. 하지만 주식형펀드에 투자하고 싶은데 한꺼번에 돈을 투자하기가 불안하다면, 월급통장 또는 보너스통장에 돈을 넣어두고 12회 정도로 나눠서 자동이체를 걸어두면 매월 적립식으로 투자하는 효과를 볼 수 있다.

자영업이나 프리랜서 혹은 사업을 하는 경우는, 소득이 불규칙적이라 관리하기에 애를 먹는 경우가 많다. 이때도 급여생활자의 보너스 관리 방법과 마찬가지로 비정기적인 수입을 월 고정수입처럼 만들어서 활용하면 된다.

● 적금의 목적을 정해라

적금은 1년 후 혹은 2~3년 후 일정 기간 후에 목돈을 만들기 위한 상품이다. 하지만 적금을 이용할 때에도 사용하고자 하는 목적자금별로 나눠서 적금통장을 만드는 게 좋다. 예를 들어 결혼자금용으로 40만 원, 전세자금 마련용 60만 원 등 총 100만 원을 적금에 넣는다고 해보자. 이럴 경우 적금통장 1개를 만들어 매월 100만 원씩 납입하는 것보다 적금통장 2개를 만들어 각각 40만 원, 60만 원씩 납입하는 것이 좋다. 목적자금별로 구분해서 통장을 관리하는 게 목표 달성률이 좋기 때문이고, 행여 중간에 돈이 필요해 해약할 일이 생겼을 때 필요한 금액에 해당하는 적금만 해약하고 나머지는 계속 유지하기 위해서다.

설령 중간에 적금을 깰 일이 생겨도 모든 저축이 망가지는 걸 막을 수가 있다. 단 한 개의 적금통장만으로 저축할 경우, 중도해약 시 모든 저축을 다시 시작해야 한다. 하지만 일부라도 남아 있을 경우 나머지만 다시 시작하면 되니까 정신적인 허탈함과 경제적인 손실을 모두 최소화시킬 수 있다.

적금에는 매월 일정한 금액을 내는 정액적립식 적금이 있고, 자유롭게 내는 자유적립식 적금이 있다. 납입 방법은 다르지만 둘 다 만기가 정해져 있다. 목돈을 만들고 싶은데, 매월 같은 금액을 넣기가 힘든 상황이라면 자유적립식 적금으로 목돈을 모아 나가는 것이 좋다. 참고로 정액적립식 적금이 자유적립식 적금에 비해 이자율이 더 높다. 하지만 적금이자율은 예금이자율에 비해 실제 체감되는 이자율이 적은 만큼, 이자율보다는 만기 때 목돈을 만든다는 개념으로 접근하는 것이 바람직하다.

상품 선택에 앞서 저축에 대한 구체적인 목표를 세우는 것이 중요하고, 저축에 앞서 비상 예비자금통장과 비정기 지출통장으로 사전 작업을 하는 것이 중요하다는 이야기를 했다. 저축을 잘하는 건 결국 통장관리를 잘하는 것이다. 비상 예비자금통장, 비정기 지출통

| 목적자금 |

돈을 모으고자 할 때 돈에 대한 목표나 목적을 정하게 되는데, 이를 **목적자금**이라고 부른다. 예를 들어 5년 후에 결혼할 예정으로 돈을 모은다면 결혼자금이 목적자금이 된다. 목적자금은 한 개일 수도 있고, 여러 개일 수도 있다. 보통 미혼일 때는 목적자금이 종잣돈 만들기거나 결혼자금 만들기 등 1~2개로 집중된다. 하지만 결혼 후에는 자녀 교육자금 만들기, 주택자금 만들기, 노후자금 만들기 등 목적자금이 여러 개로 늘어나게 된다.

장을 선발대로 앞세우고, 저축통장을 주력군으로, 그리고 정기 지출통장을 맨 뒤의 후발대로 따라오게 하면, 안정적인 통장관리가 가능해질 것이다.

● 어떻게 원하는 돈을 모을까

재테크에서 종잣돈의 중요성은 수도 없이 듣게 된다. 실제 종잣돈을 만들려면 어떻게 해야 할까? 만약 100만 원씩 5년 동안 저축한다면, 어떤 방법을 선택하느냐에 따라 모을 수 있는 돈이 달라진다.

단순하게 저축금액만을 가지고 답을 찾지 마라. 언제 어떤 목적으로 돈을 모으고 싶은지에 대한 재무목표를 먼저 정하고 저축금액이 정해지면, 그다음 해당 기간에 맞는 저축 방법을 선택하는 것이 바람직하다. 그렇지만 사람마다 원하는 재무목표가 다르고 저축할 수 있는 금액이 다른 만큼, 일반적인 저축 방법을 예시하는 차원에서 저축 방법을 살펴보기로 하자.

♣ 적금으로 모을 때

가장 확실하고 안전한 방법이다. 5년 후 모을 수 있는 금액은 금리에 따라 달라지지만 은행 적금금리 연 1.5%를 기준으로 할 경우, 원금 6,000만 원에 이자 228만 원이 붙어서 합계 6,228만 원을 모을 수 있다. 단, 이 금액은 세금을 차감하기 전이고, 이자 228만 원에 대해 이자소득세 35만 원(발생한 이자에 대해 15.4%)을 떼고, 193만원 정도만 받게 된다. 만약 금리가 높은 다른 금융회사를 이용한다면 이자는 이보다 늘어난다.

참고로 은행 적금금리는 시중금리에 따라 변동하는데, 새마을금고나 저축은행 등 제2금융권 상품이 은행보다 금리가 더 높다. 금리는 더 주지만 저축은행이나 새마을금고, 신협, 단위농협 등 상호금융회사가 불안하게 느껴질 수 있다. 이럴 경우 1인당 5,000만 원 한도(원금과 이자 포함)로만 넣어두면 예금자보호를 받을 수 있어서 걱정하지 않아도 된다.

새마을금고나 신협과 같은 상호금융회사에 가면 세금을 덜 내는 세금우대 상품이 있다. 1인당 3,000만 원을 한도로 이자소득세 15.4% 대신 농어촌특별세 1.4%만 내면 된다. 예를 들어 이자가 10만 원 발생했다면 세금으로 1만 5,400원을 내야 하는데, 세금우대 상품에 가입하면 1,400원만 내면 된다. 적금 방식과 예금 방식 모두 가능하다. 이렇게 세금을 덜 내는 것만으로도 금리를 대략 0.2~0.3%포인트 더 받는 효과가 있다. 단, 정해진 출자금(대략 3만 ~5만 원선)을 내고 준조합원에 가입해야지 세금우대 상품에 가입이 가능하다. 참고로 세금우대제도는 2020년 말까지는 유지되지만, 그 이후 연장 여부는 국회에서 결정할 예정이다.

♣ 복리효과를 누리려면

5년 만기 적금이 없기 때문에 1년 만기로 적금에 가입한 후에 만기가 되면 원금과 이자를 1년 만기 예금상품에 넣고, 1년 만기 적금으로 다시 월 100만 원씩 저축하는 것이 좋다. 그래야 1년 후 찾는 원금과 이자가 다시 예금에 예치되어 복리효과를 볼 수가 있다. 번거롭더라도 이자를 더 받으려면 이런 방법을 선택해야 한다. 은행에서 알아서 이렇게 해주지 않기 때문이다. 특히 이자는 빼서 쓰고 원금만 다시 예치하는 경우가 많은데, 이자를 빼서 써버리면 절대 돈이 불어나지 않기 때문에 반드시 이자를 한 푼도 쓰지 않고 원금에 합쳐서 예금에 넣어야 한다는 점을 잊지 말자. 단, 금리가 연 1~1.5% 미만으로 너무 낮다면, 복리효과가 발생하기 어렵기 때문에 번거롭게 이런 방법을 쓸 필요는 없다. 차라리 1년 만기보다 2년 혹은 3년 만기 적금금리가 높다면 금리가 높은 상품을 이용하는 게 낫다.

♣ 펀드와 같은 투자상품을 이용할 때

적금보다는 높은 수익을 기대할 수 있지만, 펀드의 경우 주식이나 채권 등에 투자하기 때문에 주식이나 채권의 가격에 따라 수익률이 달라진다. 특히 주식형펀드의 경우 높은 수익이 날 수도 있지만 많은 손실이 발생할 수도 있다. 또한 펀드의 경우 5년 후의 수익을 예측하기 어렵기 때문에 얼마가 모일지 예상하기 어렵다. 따라서 펀드에 투자해본 경험이 없다면 적금상품으로 모아 나가는 게 안전하다.

만약 펀드에 투자해본 경험이 있거나 펀드에 투자해보고 싶다면, 펀드만 이용하지 말고 적금과 펀드에 분산해서 저축하면 된다. 예를 들어 100만 원 중 60만 원은 적금에 불입하고, 나머지 40만 원은 주식형 펀드에 불입하는 방법을 쓴다면 적금의 안정성과 펀드의 수익성을 섞어서 활용할 수 있다. 이때 금액의 비중은 자신의 투자성향에 따라 적절히 조절하면 된다. 위험을 감수하고 고수익을 더 추구한다면 펀드의 비중을 50만 원이나 60만 원으로 높이고, 반대로 위험 부담을 줄이고 싶다면 펀드 비중을 20만 원이나 30만 원으로 낮추면 된다.

펀드는 펀드가 만들어진 날(펀드 설정일)을 기준으로 자동적으로 원금과 수익을 합해서 다시 투자되기 때문에 5년간 투자한다면, 5년 만기 연복리 상품에 가입한 것처럼 복리효과를 볼 수 있다. 단, 수익이 발생할 경우에는 재투자가 되어 복리효과가 나지만, 손실이 발생하면 복리효과가 발생하지 않는다는 점에 유의해야 한다. 따라서 손실이 날 것에 대비해 펀드도 관리가 필요하다. 만약 10년을 투자기간으로 잡았더라도 3∼4년이 경과했을 시점에 원금 대비 적절한 수익이 발생했다면 이때까지 발생한 원금과 수익은 부분환매(전체 투자금액이 아닌 일부 금액만 펀드에서 인출)한 다음 예금에 넣어두고, 매월 불입하는 돈은 계속해서 펀드에 불입하면 수익은 지키면서 위험은 줄여 나갈 수 있다.

♣ 주의할 점

10년 이내에 사용할 돈이라면 절대로 보험상품을 이용하면 안 된다. 은행에 가면 복리가 적용되고 비과세가 되며 금리도 높다고 하면서 적금이 아닌 저축성보험을 추천하는 경우가 있는데, 10년 이내에 사용할 돈이면 적금이나 예금을 이용해야 한다. 그래야 중간에 찾더라도 원금 손실이 발생하지 않는다. 저축성보험(복리적금이라고도 부르니까 주의해야 한다.)의 경우, 매월 불입하는 돈의 일정 금액(대략 10% 정도)이 사업비용으로 빠져나간다. 이로 인해 원금에 도달하려면 납입기간이 지나거나 (예를 들어 5년납 상품이면, 5년 경과 시점), 보통 5∼6년 정도의 시간이 걸린다.

♣ 자동이체를 현명하게 이용하는 방법

통장에서 빠져나가는 자금 이체도 저축이냐 지출이냐를 구분해서 걸어두는 것이 좋다. 돈을 잘 모으는 사람과 그렇지 못한 사람의 차이는 백지 한 장이다. 돈을 잘 모으는 사람은 저축부터하고 남는 돈으로 지출한다. 반면 돈을 잘 모으지 못하는 사람은 쓰고 남은 돈으로 저축을 하니까 저축금액이 줄어든다.

　이런 원리를 자동이체에 적용하면, 월급통장에서 적금이나 적립식펀드를 위한 자동이체와 공과금이나 카드대금이 빠져나가는 이체일 중 저축에 우선순위를 두면 된다. 예를 들어 급여일이 20일이라면 적금이나 펀드는 20일에 자동이체를 걸어두고, 지출 관련 이체는 5일 뒤인 25일에 빠져나가게 하는 것이다. 이러면 저축부터 하고 남는 돈으로 지출하게 되니까 통장잔고 내에서 사용해야 하는 압박감을 느낄 수 있어 결과적으로 효율적인 돈관리를 할 수 있다.

♣ 적금을 제때 못 냈다면

적금은 제때 넣어야 정해진 만기 때 원금과 이자를 합해 돈을 찾게 된다. 하지만 가끔 돈이 부족해서 적금을 제때 못 내는 일이 생길 수 있다. 이럴 때는 어떤 일이 생길까? 한 달 미뤄 냈다면 만기가 한 달 늦어지고, 열흘 늦게 내면 만기도 열흘이 늦어진다. 하지만 예정보다 빨리 낸 날도 있다면 늦게 낸 날도 빨리 낸 날을 다 감안해서 만기가 정해진다. 즉, 한 달 늦게 냈더라도 보름 빨리 낸 날이 있다면, 만기는 보름만 늦어지게 된다. 만약 정해진 만기 때 돈을 써야 한다면 약간의 이자를 손해보지만 그렇게 할 수도 있다.

● 재테크보다 중요한 자기관리

돈관리에 필요한 마음가짐과 저축을 잘하기 위한 행동지침까지 살펴봤다. 하지만 인생살이가 돈만 있다고 다 해결되는 건 아니다. 건강은 기본이고 인생을 함께 살아갈 가족이나 좋은 친구, 선후배들이 있어야 인생이 풍요로워진다. 직장생활도 마찬가지다. 아무리 월급을 많이 준다고 해도 직장동료들과 사이가 좋지 않거나, 하는 일이 즐겁지 않다면 오랫동안 그 일을 해 나가기가 힘들다. 같은 맥락에서 돈만 신경 쓰다 이로 인해 젊었을 때 해야 할 소중한 것들을 놓쳐서는 안 된다.

대표적인 것이 자신에 대한 투자와 폭넓은 인간관계를 구축하는 것이다. 보다 긴 안목에서 가치 있는 일을 하기 위해 많은 걸 배우고 경험하는 데 돈을 쓰는 것은 중요하다. 또한 다양한 분야의 사람들과 좋은 인맥을 형성하기 위해 시간과 돈을 투자하는 것도 중요하다. 돈을 모으는 데 급급해서 풍요로운 삶의 기반을 닦는 노력을 게을리하면, 소탐대실형 인간이 되어버릴 수 있다.

그렇더라도 적절한 곳에 돈을 사용하기 위해서는 체계적으로 예산을 배정하고 사용하는 것이 바람직하다. 가끔 예산 외에 돈을 사용해야 한다면 비정기 지출통장이나 비상금통장을 이용하자. 돈에 대한 모든 건 앞서 언급한 방법들을 잘 활용하면 해결할 수 있다. 강조하지만 자신에 대한 투자도 제대로 못하고 인간관계도 제대로 구축하지 못하면서, 돈을 관리하지 못하는 것을 합리화해서는 안 된다. 돈관리에 있어 가장 큰 문제는, 폼나게 쓰지도 못하면서 통장에 돈도 없는 것이라는 점을 잊지 말자. 이를 예방하기 위해 체계적인 돈관리 방법과 강제적인 시스템 구축(통장관리)이 필요하다.

돈이 적을 때라도 긴 안목을 가지고 다양한 투자상품을 이용하는 노력도 병행해보자. 적금이나 예금은 돈을 모으고 지키는 중요하고 기본적인 수단이다. 하지만 중장기 자금이라면 적은 금액이라도 펀드에 투자해보고 채권에도 투자하면서 다양한 투자상품들을 경험해보면 좋다. 물론 투자 과정에서 손실도 볼 수 있고 이익도 볼 수 있다. 하지만 젊었을 때의 다양한 투자 경험은 긴 인생의 여정에 있어서 좋은 기반이 된다. 이런 경험들이 쌓여서 목돈이 모였을 때 자기만의 경험을 바탕으로 돈을 효율적으로 굴릴 수 있는 능력이 생기기 때문이다

세상에 공짜는 없다. 고령인구가 많아지면서 경제성장률과 금리가 낮아지는 고령화 저성장 시대에는 다양한 방법으로 돈을 지키고 불려 나가야 한다. 이를 위해 감당할 만한 금액을 배정해서 투자에 대한 경험을 쌓는 것도 돈관리에 있어 매우 중요하다. 이런 경험이 밑바탕이 됐을 때 남의 말(금융회사 직원 포함)에 현혹되지 않고 소중히 모은 돈을 잘 지켜 나갈 수 있다.

8장

전세·월세 시
보증금 지키는 방법

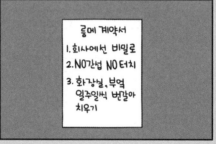

너 또 물 틀어 놓고 나왔지!!

꽈 콸콸콸

까아악?!!

꽝 꽝

선배!! 문이 안 열려요!!

←방문 앞에 택배

2중 잠금문→

열쇠가 어디 갔지ㅎㅎ

←집주인

젊은 처자들이 열쇠를 잃어버렸구먼

흐흐흐흐

이거 가져가서 복사해 써~

감사합니다

근데...

돈이 많지 않은 자취생들은 어떻게든 싸게 거주할 곳을 찾는다. 그러다 보면 비용 부담을 덜기 위해 여러 가지 아이디어를 떠올릴 수 있다. 진과 올리브도 마찬가지다. 어떻게든 주거비를 줄이고 싶어 한다. 하지만 세상에 공짜는 없는 법. 집주인은 한 사람 월세만 받고 두 사람을 살게 해주지는 않는다. 싸게 거주하려는 의도는 이해하지만, 최소한 지켜야 할 것은 지키면서 살아야 탈이 없다.

● 내 보증금, 떼일 염려는?

요즘은 집을 구할 때 전세로 구하기가 하늘의 별 따기다. 과거와 달리 시중금리가 낮아지자 집주인들이 전세 대신 월세를 선호하는 분위기가 확산되고 있다. 하지만 월세나 전세를 떠나 세입자의 마음은 늘 불안하다. 대출이 많은 아파트나 주택에 살고 있는데, 집주인이 대출금을 갚지 못해 집이 경매에 들어가면 소중한 전세보증금이나 월세보증금을 돌려받지 못할 수 있기 때문이다.

이런 걱정을 줄이기 위해서는 아예 대출이 없는 아파트나 주택을 선택하는 것이 좋다. 하지만 대출이 아예 없는 집을 찾기는 쉽지 않기 때문에 소중한 전세보증금과 월세보증금을 지키기 위해서 필요한 몇 가지 중요한 사항들은 꼭 알아둬야 한다.

♣ 등기부등본을 꼭 확인하자

마음에 드는 집이 있더라도 계약부터 하지 말고 반드시 주인집의 '토지 및 건물 등기부등본'을 먼저 떼어봐야 한다. 토지 및 건물 등기부등본은 가까운 등기소나 무인발급기가 있는 구청에서 뗄 수 있다. 인터넷으로도 열람이나 발급이 가능한데, 대법원인터넷등기소(www.iros.go.kr)를 방문하면 된다. 집주인이 대출을 받았을 경우 은행이나 채권자가 근저당을 설정하게 되는데, 이러한 사항들이 등기부등본을 보면 '소유권 외 권리사항'이라는 면에 나타나 있다. 여기에 나와 있는 근저당설정금액을 꼭 확인해보고 집 가격 대비 근저당설정금액이 과다하다면 이런 집은 피해야 한다.

혹시라도 등기부등본상에 근저당이 설정되어 있다면, 주택 가격에서 근저당설정금액을 뺀 다음, 전세나 월세보증금이 충분히 확보되는지 살펴봐야 한다. 만약 집주인이 대출금을 갚지 못해 집이 경매로 넘어가게 되면 현재 시세보다 훨씬 싼 가격(평균 70%, 보통 아파트의 경우 시세의 90% 이상이지만 일반주택의 경우 이보다 낮은 70% 정도)에 팔릴 가능성이 크다. 따라서 등기부등본상의 근저당설정금액과 전세나 월세보증금을 합한 금액이 주택 가격의 70%가 넘어가면 위험하다. 특히 아파트가 아닌 빌라나 일반주택의 경우에는 70%를 기준으로 삼는 것이 안전하다.

예를 들어 주택 가격이 5억 원이라면 근저당설정액과 전세나 월세보증금을 합한 금액이 3억 5,000만 원을 넘어서면 위험해질 수 있다는 의미다. 이런 집은 피하는 게 상책이다. 이런 사실을 몰랐거나 불가피한 상황이었다면 차라리 보증금 비중을 낮추고 월세 비중을 늘려서라도 주택 가격에서 근저당설정금액과 전세나 월세보증금을 뺀 차액을 70% 이내로 낮춰 놓아야 한다. 단, 대출이 없는 집이라면 전세나 월세보증금 비중이 70%를 넘어도 괜찮다. 뒤에 설명할 전세금반환보증보험에 가입하면 되기 때문이다.

등기부등본은 계약을 하는 날 계약하기 바로 전에 발급된 내용으로 확인해야 한다. 그리고 잔금을 치른 후에도 다시 한번 등기부등본을 확인해서 혹시나 그 사이에 추가로 근저당이나 대출이 발생하지 않았는지 확인해보기를 권한다. 또한 다세대주택일 경우에는 주인은 한 명이지만 세 들어 사는 임차인은 여러 명이다. 이럴 경우 다른 임차인들의 전세보증금과 월세 조건이 어떤지를 확인해두자. 전세보증금의 경우 '전세권설정'이 되어 있지 않는 한 등기부등본상에 나타나 있지 않기 때문이다.

♣ 전입신고하면서 확정일자를 받아라

주인집의 등기부등본을 확인하고 큰 문제가 없다면, 전세 계약 후 바로 주민센터(동사무소)에 임대차계약서를 가지고 가서 꼭 '확정일자'를 받은 후 전입신고를 하는 것이 좋다. 확정일자를 받아두면 그

후에 집주인이 대출을 받아도 우선순위가 인정되어서 전세보증금이나 월세보증금을 안전하게 보호할 수 있다. 만약 전입신고한 날짜와 확정일자 받은 날짜가 각각 다르다면, 둘 중에서 늦은 날짜가 임대인(집주인)에게 대항력을 갖춘 기준일로 인정되기 때문에 전입신고할 때 확정일자를 함께 받아두는 것이 가장 좋다.

♣ 재계약 시 올려준 보증금도 지키자

집주인이 보증금을 올려 달라고 해서 보증금이 늘어나 다시 재계약을 하는 경우가 많다. 이 때는 반드시 새로운 계약서를 작성해서 확정일자를 다시 받아야 한다. 즉, 인상분만큼 새 계약서를 써서 새로 확정일자를 받으라는 의미다. 기존 계약서는 그대로 두고, 인상된 금액에 대한 부분만 새로운 계약서를 쓰면 된다. 예를 들어 기존 보증금이 2억 원인데 2,000만 원이 인상되었다면, 기존 2억 원 계약서는 그대로 보관하고, 인상된 2,000만 원에 대해서만 새로운 계약서를 쓰라는 의미다. 그렇지 않고 전체 2억 2,000만 원에 대한 계약서를 새로 쓰고 기존 계약서를 파기하면, 기존에 유지하던 순위가 소멸된다.

만약 전체 보증금 금액으로 다시 임대차계약서를 쓴 경우라면, 기존에 확정일자가 찍혀 있는 임대차계약서를 꼭 보관하고 있어야 한다. 기존 보증금은 기존 확정일자가 지켜줄 수 있고, 늘어난 보증금은 새로운 확정일자가 지켜주기 때문이다.

♣ 보증금도 보험으로 지킬 수 있다

세입자(임차인)가 집주인으로부터 받아야 할 전세나 월세보증금을 보호받기 위해 세입자 스스로 가입할 수 있는 보험으로 '전세보증금 반환보증보험'이 있다. 1년 이상 임대차계약을 한 경우라면, 세입자(임차인)는 서울보증보험(SGI) 또는 주택도시보증공사(HUG)를 통해 전세보증금반환보증보험에 가입할 수 있다. 보험료는 아파트냐 주택이냐에 따라 다르고, 보험사별로 차이가 있다. 대략 보증금액에 연 0.128%~연 0.218%의 보험료를 부담해야 한다.

자세한 사항은 서울보증보험(www.sgic.co.kr, 전화 1670-7000) 또는 주택도시보증공사(www.khug.or.kr, 전화 1566-9009)로 문의하면 된다. 보험사마다 조건이나 보험요율 등 세부조항이 달라서 직접 전화하거나 홈페이지를 방문해 담당자에게 문의하는 것이 정확하다. 소중한 돈인 만큼 반드시 보험에 가입할 것을 권한다.

송승용의 Advice

▌ "집주인에게 연락해서 양해를 구하거나 협의해야 한다." ▌

참고로 올리브와 진처럼 둘이 살다가 집주인에게 발각되는 경우는 어떤 일이 발생할까? 집주인은 계약 당시 임차인인 진에게 이의를 제기할 수 있다. 관리비를 추가 부담하라고 요구할 수 있고, 월세를 올려 달라고 할 수도 있다. 혹은 임대차계약서에 특약조건을 새로 넣어서 새로 전입한 올리브에 대한 월세와 관리비의 증액(독립 부과가 아닌 경우)에 대한 내용을 포함시킬 수 있다. 따라서 잠깐 거주가 아닌 친구나 지인이 장기간 거주하는 경우에는 집주인과 이에 대해 협의해야 한다.

♣ 그밖에 알아두면 좋은 것들

주택임대차보호법에 따르면 집주인이 계약기간 만료 6개월부터 1개월 전까지 별다른 조건 없이 만료 통보를 하지 않으면, 다시 동일한 조건과 기간으로 재계약된 것으로 본다. 만약 집주인이 이 기간 이후에 보증금을 올려 달라고 하면 증액 요구를 거부할 수 있다. 즉, 자동연장과 같아서 기존 계약이 2년이라면 추가로 2년을 같은 조건으로 더 살 수 있다. 반면 계약기간 만료 6개월~1개월 전에 집주인이 보증금을 올려 달라고 하면, 이에 응하거나 이사를 해야 한다. 이 경우 집주인이 요구할 수 있는 인상률은 집주인이 주택임대사업자인지 아닌지에 따라 달라진다. 만약 주택임대사업자일 경우 최고 5% 이상 올릴 수 없다. 하지만 주택임대사업자가 아니라면 주인 마음대로 올릴 수 있다.

그럼 주인이 주택임대사업자인지 아닌지는 어떻게 알 수 있을까? 전세계약서의 형태를 보면 알 수 있다. 표준계약서 형태의 전세계약서이면 주인이 주택임대사업자이고, 그렇지 않다면 주택임대사업자가 아니다. 계약서 형태가 헷갈리면 집주인에게 직접 물어보는 것도 방법이다. 결국 집주인이 전세보증금을 올리고 싶다면 계약 만료 6개월~1개월 전에 세입자(임차인)에게 통지해야 한다. 참고로 주인이 임대사업자인 것 같은데, 전세금 또는 월세를 5% 이상 인상해 달라고 요구하면 구청 주택과에 민원을 제기하면 도움을 받을 수 있다.

반대로 전세나 월세로 살고 있는 세입자가 다른 곳으로 이사를 가고자 할 경우에도 계약기간 종료 6개월~1개월 전까지 계약해지 통보 의사를 집주인에게 전달해야 한다. 이 경우 집주인은 보증금 반환 의무가 발생한다. 만약 집주인이 보증금 반환을 하지 않을 경우, '임차권등기명령'을 해야 한다. 임차권등기명령 결정 후 등기부등본에 기재되면, 이를 근거로 대출을 받을 수 있다. 대출받은 돈으로 이사하면 집주인에게 지연이자 5%를 청구할 수 있다. 이래도 집 주인이 보증금을 돌려주지 않는다면, '보증금반환소송절차'를 진행할 수 있다.

이 밖에도 다양한 문제로 집주인과 세입자 사이에는 분쟁이 발생할 수 있다. 이럴 경우 서울 거주자라면 '서울시 전월세보증금 지원 센터(전화 02-2133-1200~1208)'에 문의하거나 다른 지역 거주자라면 '대한법률구조공단(www.klac.or.kr) 주택임대차분쟁조정위원회(대표 전화 132)'로 문의할 수도 있고, 전국에 있는 가까운 지부나 출장소를 방문해 무료로 상담을 받을 수도 있다.

9장

그들은 보험을 보험이라
부르지 않는다

아무것도 하고 있지 않지만

터 격렬하게 아무것도 하고 싶지 않다.

띠링

톡

으그리...

바스뷔, 방금
온 문자 읽어줘.

네~

모르고 있을 때는 괜찮지만 자신이 가입한 금융상품의 허상을 알고 나면 억울할 때가 종종 있다. 보험에 잘못 가입해 손해를 본 경험이 있는 올리브(진)은 보험에 대해 독한 마음을 품게 됐다. 똑같은 실수를 반복하지 않으려면 보험에 대해 정확히 알아야 한다. 보험상품은 어렵고 복잡하기 때문에 많은 사람들이 지인의 권유나 소개받은 보험설계사에게 의존하기도 한다. 그러나 소중한 내 돈으로 가입하는 만큼 따져볼 건 충분히 따져봐야 한다.

● 진화하는 보험상품

보험은 장기상품이라 한번 잘못 가입하면 금전적인 손해가 매우 클 수 있다. 또한 같은 상품이라도 어떻게 설계하느냐에 따라 보험금 수령액이 많이 달라지고, 보험료 부담도 큰 차이가 난다. 따라서 보험에 대해 우리 스스로가 잘 아는 것이 중요한데, 보험상품의 기본적인 틀만 이해하고 있어도 보험에 잘못 가입해서 손해보는 일을 최소화할 수 있다.

 과거의 보험상품은 굉장히 경직되고 융통성이 없었다. 한번 가입하면 만기까지 같은 보험료를 계속해서 내야 했다. 만기가 길고 중간에 해약하면 손해를 보니까 아예 보험 가입을 꺼리는 사람들이 늘어났다. 이런 단점을 극복하기 위해 보험사들이 여러 기능을 추가하며 머리를 쓰기 시작했다. 예를 들어 일정 기간이 지나면 불입을 중단하거나 이미 낸 보험료 중 일부를 인출해서 쓸 수도 있고, 추가로 돈을 더 넣을 수 있는 기능들을 넣은 것이다.

이런 기능이 추가되자 은행 직원들이나 보험설계사들이 물 만난 고기처럼 보험을 열심히 팔기 시작했다. 적금과 예금처럼 언제든 넣었다 뺄 수 있는 기능이 있으니까 부담 갖지 말고 가입하라는 것이다. 보험상품의 강점인 10년 이상 유지하면 이자소득세(15.4%)를 내지 않고 복리효과를 볼 수 있다는 내용이 들어가기도 한다. 거기다 3년 정도만 내면 더이상 내지 않아도 되고, 중간에 빼서 쓸 수 있다고 강조하는 경우도 있다. 이런 이야기를 들으면 누구나 "와~, 이런 상품도 있어? 가입 안 할 이유가 없잖아."하고 현혹되기 쉽다.

● 멀리 가지 않으려면 가지 마라

비록 보험이 많이 진화해서 이전보다 이용하기 편해지긴 했지만, 보험상품의 기본적인 구조는 크게 변하지 않았다는 점에 주의해야 한다.

보험은 장기상품이다 보니 보험사 입장에서는 오랜 기간 관리해야 하는 비용이 들고, 판매자에게 적지 않은 수당을 지급해야 하는 부담이 있다. 이런 이유로 가입자들이 내는 돈(보험료)에서 적지 않은 부분이 판매와 유지에 필요한 비용으로 빠져나간다. 대표적인 보장성보험인 종신보험의 경우, 가입자가 내는 보험료의 최대 17배(엄청나지 않은가?)에 달하는 금액이 판매와 관련된 비용(인센티브 포함)으로 지급된다고 한다. 가입자가 10만 원의 보험료를 내면 최대 170만 원에 해당하는 금액이 판매조직(예를 들어 보험사와 판매회사가 다른 경우에는 판매회사)에게 돌아가는 셈이다. 보장성보험보다는 적지만 저축성보험도 초기에는 많은 비용을 가입자가 부담해야 한다.

저축성보험은 10년 이상 유지 시 이자소득세를 면제해준다. 대신 가입자는 초기의 불입금액 중 적지 않은 비용(판매비, 유지수당 등)을 수수료처럼 부담한다. 이런 구조적인 특성상 저축성보험은 납입기간이 3년일 경우에는 대략 3년, 납입기간이 5년 이상일 경우에는 대략 5~6년이 지나야 원금이 회복되기 때문에, 그 전에 해약하면 손

Get it Money

| 납입기간, 보장기간 |

납입기간과 보장기간을 헷갈리면 안 된다. **납입기간**은 보험에 가입한 후 보험료를 내는 기간을 말하고, **보장기간**은 보험증권에 표시된 보장들에 대해 보험 혜택을 받는 기간을 의미한다. 예를 들어 30세 남자가 암보험에 가입했는데, 납입기간 20년, 보장기간 80세라면, 돈(보험료)을 내는 기간은 20년이지만, 보험 혜택을 받는 기간은 80세까지가 된다.

실이 발생한다. (참고로 납입기간과는 상관없이 가입 후 10년이 지나야 비과세 혜택을 받을 수 있다.)

따라서 중도인출이나 납입중지 등 몇 가지 기능만 추가로 생겨났을 뿐이지 중간에 해약하면 원금 손실이 발생하는 건 마찬가지다. 중도인출 기능도 정확히 알고 있어야 한다. 중도인출 시 낸 돈을 다 인출할 수 있는 게 아니라 해약환급금의 절반 이내에서만 인출이 가능하다. 해약환급금이란 가입자가 해약했을 경우 비용을 다 제하고 지급받는 돈을 말하며, 납입기간이 다 끝나지 않는 한 실제 낸 돈보다는 훨씬 적다. 따라서 가입 후 얼마 되지 않아 중도에 인출하려면, 인출 가능 금액이 얼마 되지 않기 때문에 아예 적금에 가입하는게 바람직하다. 또한 중간에 불입을 중지해도 사업비는 계속해서 빠져나가기 때문에 가입하고 오래지 않아 불입을 중지한다면 아까운 적립금에서 비용만 내게 된다.

● 보험상품은 딱 2가지

보험상품은 크게 2가지로 나눌 수 있다. 보장성보험과 저축성보험이다. 보장성보험은 예기치 못한 사고나 질병, 그리고 사망에 대비하는 보험으로, 자동차보험, 화재보험, 종신보험, CI보험(중대질병보험), 그리고 실손의료비보험 등이 보장성보험에 속하는 대표적인 상품들이다.

반면 저축성보험은 보험의 기능보다는 장기저축의 기능에 초점을 맞춘 상품이다. 장기저축이란 10년 이상 길게 보고 먼 미래에 사용할 자금을 모으거나 노후준비를 위한 연금 마련을 주목적으로 이용하는 상품들이다. 연금보험, 변액연금보험, 유니버셜보험, 변액유니버셜보험, 그리고 은행에서 많이 파는 저축보험이란 이름이 붙어 있는 상품들이 저축성보험에 속한다.

저축성보험은 10년 이상 길게 보고 유지하면 저축이 되니까 저축으로 구분하는 것이 좋고, 보장성보험은 사고나 질병, 사망 등에 대비하는 보험이니까 저축보다는 비용의 개념(정기적인 지출로 구분)으로 접근하는 것이 바람직하다. 매년 비용처럼 지불하는 자동차보험을 떠올리면 된다.

● 한 마리 토끼만 확실히 잡자

순수 보장성보험(환급금이 없는 소멸형 보험)을 이용하면 보험을 좀더 싸게 이용할 수 있다. 돈이 많다면 보험이 필요할까? 내가 죽어도 남겨둔 자산이 많아 가족들이 돈 걱정 없이 살 수 있다면 보험은 필요하지 않다. 또한 큰 병에 걸려서 치료비가 많이 들더라도 가진 돈이 많아서 돈 걱정 없이 치료를 받을 수 있다면 역시 보험이 필요하지 않다. 하지만 대부분의 경우 갑작스럽게 사망하거나 큰 병에 걸리게 되면 경제적인 어려움에 처하게 된다. 이에 대비하기 위해 가입하는 것이 보험이다. 그럼에도 불구하고 병에 걸릴 가능성보다는 그렇지 않을 가능성이 높고, 갑자기 죽을 확률보다는 건강하게 오래 살 가능성이 상대적으로 높다. 따라서 보험은 저축이 아닌 비용이라고 생각하고 최소한의 보험료로 보장범위가 넓은 상품을 선택하는 것이 현명하게 보험을 이용하는 방법이다. 싸고 보장범위가 넓은 보험을 이용하려면 만기에 환급금이 없는 순수 보장성보험(소멸형 보험), 즉 자동차보험과 같이 만기 때 찾는 돈이 없거나 거의 없는 보험을 이용하면 된다.

보험을 싸게 잘 이용하려면 연령대별로 필요한 보장내용도 달라지므로 본인의 상황에 맞는 보험을 적절하게 이용해야 한다. 미혼의 경우에는 사망보장보다는 의료비보장이 중요하다. 하지만 미혼들도 사망보험금이 과도하게 포함되어 있는 보험에 가입하는 경우가 많다. 보험설계사나 은행 등에서 보험을 판매하는 직원들이 그런 상품을 추천해주기 때문이다. 대표적인 환급형 보험인 종신보험의 경우, 보험료 중 최소한 절반 이상(보통 70% 이상)의 돈이 사망보장(사망보험금)을 위해 사용된다. 그런데 경제적으로 집안을 책임져야 하는 경우를 제외하고 대부분의 미혼들은 부양가족이 없으므로 사망보장이 중요하지 않다. 그렇다면 사망보장을 위해 비싼 보험료를 낼 필요가 없다. 이 부분(사망보험금)이 없는 상품에 가입하거나 있더라도 최소화시키고, 의료비보장에 주력한다면 보험료를 많이 낮출 수 있다.

미혼일 경우, 비싼 종신보험이나 환급형 보험에 가입하기보다는 실손의료비보험을 중심으로 의료비보장에 집중하는 보험을 선택하면 싸게 보험을 이용할 수 있다. 예를 들어 실손의료비보험만 보장하는 상품부터 가입하고, 3대 질병(암, 심혈관질환, 뇌혈관질환)에 특화된 별도의 전용상품에 가입하는 것이다. 그런 다음 결혼 이후 가족을 위해 사망보장이 필요해질 경우 사망보장 기능이 있는 보험상품을 추가로 가입하면 된다. 이 경우에는 정해진 기간 동안만 사망보장을 받는 정기보험을 이용하면 보험료 부담이 많이 줄어든다.

● 사망보험금은 싸고 좋은 정기보험으로 끝내자

정기보험이란 자동차보험처럼 만기를 정해 놓고 필요한 기간만 보장을 받는 보험을 의미한다. 사망보험금이 필요해 정기보험을 이용한다면 가입한 시점부터 '20년 만기' 또는 '60세 만기' 등으로 원하는 보장기간을 정하고, 해당기간 동안만 보험 혜택을 받는다. 종신보험은 평생 사망보장을 받는 대신 보험료가 비싸지만, 정기보험은 내가 원하는 기간을 선택해서 보장받는 대신 보험료가 굉장히 저렴하다.

30세 남자 기준으로 보면, 종신보험에 비해 대략 1/7~1/8 정도의 보험료로 사망보장을 받을 수 있다. 예를 들어 30세 남자가 사망보험금 1억 원을 보장받는 종신보험에 60세 납으로 가입하는 경우 매월 보험료로 15만 원 정도를 내지만, 30세 남자가 60세 만기, 60세 납으로 정기보험에 가입하면 2만 원 정도(온라인 상품 기준)면 가입이 가능하다. 다른 특약 없이 사망보험금만 가입하는 경우이다. 대신 정기보험은 만기 때 환급금이 없는 순수 보장형이다. 종신보험에 가입해 수십 년 후에 불입한 정도의 원금을 환급받아 봐야 물가를 감안하면 큰돈이 아니다. 정기보험에 가입하고 여윳돈을 저축하는 것이 훨씬 이득이 될 수 있다.

무엇보다 종신보험에 가입한 후 10년 이상 유지하는 비율인 유지율은 대략 30%를 조금 넘는다. 즉, 10명이 종신보험에 가입했다면

10년 이내에 7명 정도는 중간에 해약한다는 의미다. 어차피 중간에 해약할 가능성이 높기 때문에 정기보험을 이용해서 금전적인 손실을 막아야 한다. 그리고 최대한 저축이나 투자를 해야 한다.

참고로 보험설계사 등 판매인 입장에서는 정기보험보다는 종신보험과 같은 환급형 보험을 추천하는 경우가 많다. 환급형 보험의 경우, 보험료도 비싸고 사업비도 많이 책정되어 이윤이 많이 남기 때문이다. 반면 정기보험은 보험료도 싸고 사업비 부담이 적어서 상대적으로 수수료 수입이 적기 때문에 적극적으로 권하지 않는다. 또한 보험설계사나 판매인들이 종신보험과 같은 환급형 보험을 권유하면서 중간에 아무 일이 없으면 나중에 연금으로 전환해서 사용할 수 있다는 점을 강조하기도 한다. 하지만 종신보험의 경우 평균 20년 이상이 지나야 낸 돈 정도의 적립금(해약환급금)이 쌓이게 되므로 연금으로 전환하더라도 물가 상승을 감안하면 큰돈이 되지 않는다. 무엇보다 10년 이상 보험을 유지하는 비율이 30% 정도밖에 되지 않고 중간에 깨는 사람들이 많아서 나중에 연금으로 사용할 가능성이 낮다. 결국 보험은 비용으로 생각하고 환급형보다는 순수보장성(소멸형)보험을 이용해 보험료를 낮추고, 남는 돈을 미래를 위해 최대한 저축하는 것이 바람직하다.

● 써먹기 좋은 보험

우리가 아프거나 다쳐서 병원에서 치료를 받게 되면 대부분 건강보험공단에서 지원해준다. 예를 들어 감기에 걸려 병원에 갔는데 총진료비가 1만 원이라면, 건강보험공단에서 7,000원을 지원하고 환자는 3,000원만 낸다. 여기서 3,000원을 '본인부담금' 또는 '환자부담금'이라고 한다. 이렇게 환자가 부담하는 치료비를 내주는 보험을 실손의료비보험(이하 '실손보험'으로 표기)이라고 부른다. 상품마다 약간의 차이는 있지만, '질병입원의료비', '상해입원의료비', '질병통원의료비', '상해통원의료비'가 실손의료비의 보장항목이다. 참고로 실손보험은 건강보험공단에서 지원해주는 치료(급여항목)든 그렇지 않은 치료(비급여항목)든 상관없이 본인부담금을 지원해준다.

실손보험이 만능이라기보다는 확률적으로 보장 혜택을 받을 가능성이 크기 때문에 다른 보험에 비해 인기가 높은 편이다. 하지만 실손보험은 정기적으로 보험료를 재산정하는 갱신형 보험이다. 현재는 1년마다 보험료가 다시 산정되는 1년 갱신형만 판매된다. 하지만 과거에 가입한 경우 5년 갱신형, 3년 갱신형 등 갱신 주기가 상품마다 다르다. 갱신형 보험은, 나이가 많을수록, 갱신될 때마다 보험료가 많이 올라서 가입자들의 불만도 큰 편이다.

이 외에 실손보험이 과잉 진료를 부추긴다는 비난도 받는다. 실손보험은 건강보험공단이 지원하지 않는 비급여항목에 대한 치료 시에도 보험금을 지급한다. 비급여치료는 일반적으로 치료비가 비싸다. 병원 입장에서는 실손보험 가입자에게 급여치료보다 이윤이 많이 남는 비급여치료를 은근슬쩍 권하기도 한다. 비급여치료가 많아지다 보니 보험사들의 보험금 지급액이 늘어났고, 보험사들은 실손보험의 갱신 때마다 보험료를 많이 올렸다. 결국 과잉 진료가 실손보험자들의 보험료 부담으로 이어졌다. 이런 부작용(과잉 진료와 보험료 인상)을 막고자 현재 판매되는 실손보험 상품은 일부 비급여항목에 대해서는 별도의 특약으로 빼내서 선택형 특약으로 만들거나 가입자의 자기부담금을 높이는 방법으로 바꾸었다.

실손보험에 대한 논란에도 불구하고 현재 판매되는 보험상품 중에 현실적으로 가장 도움이 되는 보험상품은 실손보험이다. 즉 보험상품 중에 단 1개의 보험만 가입해야 한다면 실손보험을 선택하는 게 최선이다.

주의할 점도 있다. 직장인이나 공무원이라면 가입되어 있는 단체보험에도 실손보험특약이 대부분 들어가 있다. 이럴 경우 개인적으로 가입한 실손보험이 있더라도 중복보상(보험사 두 곳에서 각각 치료비를 지급받음)을 받을 수 없다. 예를 들어 병원에 입원해 300만 원의 치료비가 발생했다면 1) 개인적으로 가입한 보험사에서만 300만 원을 받거나 2) 개인적으로 가입한 보험사에서 150만 원, 단체로 가입한 보험사에서 150만 원씩을 받게 된다.

실손보험의 경우 중복보상을 못 받기 때문에 개인적으로 실손보험에 가입한 상태에서는 단체 보험에 이중으로 가입할 필요성이 줄어든다. 이 점을 보완하기 위해 2018년 12월부터 단체 실손보험을 퇴직할 때 개인 실손보험으로 전환할 수 있도록 제도가 보완되었다. 즉, 퇴직 시 직장에서 가입한 단체 보험을 퇴직 후에는 개인 실손보험으로 전환해 계속 이용할 수 있도록 한 것이다. 혹은 자신이 가입한 실손보험을 이용할 경우, 단체 보험에서 실손특약을 뺄 수도 있다. 개인적으로 실손보험에 가입한 상태에서 직장 단체 보험에도 가입한 경우라면, 두 상품을 비교해보고 유리한 것을 이용하는 것이 좋다. 단, 시행 초기이다 보니 보험사마다 이에 대한 대응

송승용의 Advice

| 미혼들을 위한 3층 보험 이용법 정리 |

1층 : 실손의료비보험
2층 : 3대 질병 전용보험 (암, 심혈관질환, 뇌혈관질환 등 한국인이 많이 걸리는 3대 질환)
3층 : 정기보험 (다른 특약은 없고 사망보장만 보장하는 정기보험)

위에 정리한 것과 같이 필요할 때마다 보험을 추가하는 방법을 추천한다. 예를 들어 실손보험에 먼저 가입한다. 이후 3대 질병보험이 필요하다고 생각되면 별도로 3대 질병보험 또는 암보험 전용상품에 가입한다. 그런 다음 결혼을 해서 가족들을 위해 사망보장이 필요할 때가 오면, 정기보험으로 '사망보장(다른 특약은 빼고 사망보험만 선택)'만 가입하는 것이다.
이렇게 각각 별개의 보험, 즉 3개의 보험상품으로 층을 쌓는다. 그래야 보험료가 싸다. 한 가지 상품으로 모든 걸 해결하는 보험은 대부분 사망보장이 주계약(꼭 들어가야 하는 보장)이고, 환급형으로 구성되어 있어 비싸다. 대표적인 것이 종신보험이다.

방식이 다를 수 있다. 만약 본인이 여기에 해당된다면, 단체 보험을 판매한 보험사에 문의해서 구체적인 내용을 확인해보는 것이 안전하다.

참고로 개인 실손보험과 단체 보험에 동시에 가입되어 있다면, 중복보상은 안 되지만 전체 보상한도는 늘어난다. 예를 들어 개인 실손보험의 입원의료비 한도가 5,000만 원이고, 단체 보험의 입원의료비 한도가 2,000만 원이라면, 최대로 보장받을 수 있는 입원의료비 한도는 7,000만 원이 된다.

● 적금과 저축성보험의 차이

어떤 상품이든 사용하는 사람의 목적에 알맞다면 나쁜 상품은 없다. 그러나 목적에 알맞지 않은 엉뚱한 상품에 가입한다면 결국 피해를 입게 된다. 이럴 위험이 큰 상품이 저축성보험이다. 저축성보험을 적금과 혼동해서 덥석 가입하는 사례가 종종 발생한다. 이런 일을 막으려면 적금과 저축성보험의 차이를 명확하게 알고 있어야 한다.

적금은 매월 일정 금액을 불입해서 목돈을 만드는 상품이다. 만기 전이라도 해지가 가능하며, 해지를 하더라도 약속된 이자만 받지 못할 뿐 원금은 돌려받는다. 만약 1년 후에 목돈을 만들고 싶거나

2~3년 이내에 사용할 자금을 만들고 싶다면 반드시 적금을 이용해야 한다. 저축성보험을 은행에서는 '정기적금'처럼 이야기하면서 추천할 수 있으므로 주의해야 한다. 저축성보험은 보험회사의 장기저축 상품이다. 장기저축 상품이란 10년 이상 묵혀두고 찾아야 원하는 목적을 달성할 수 있는 상품을 말한다. 그렇다면 왜 꼭 10년 이상을 묵혀둬야 할까? 저축성보험은 매월 불입하는 돈이 전부 저축으로 적립되지 않기 때문이다. 예를 들어 10만 원을 불입하면 이 중 10% 정도인 1만 원 내외의 돈이 수수료 개념인 사업비로 빠져나가고, 9만 원 정도만 적립된다. 이렇다 보니 보통 5~6년 정도, 혹은 납입기간이 지나야 원금에 도달한다. 그 이후부터 사업비 부담이 줄고 적립금 비중이 높아지다 보니 10년 이상은 지나야 원금에 이자가 제대로 붙게 된다. 최근에는 온라인 전용 상품을 중심으로 사업비 부담이 줄어든 상품이 출시되고는 있지만 기본구조는 같다. 따라서 가입 전에 사업비에 대한 부분을 꼭 확인해야 한다.

10년 이상 묵혀둬야 하는 또 다른 이유는 세금 때문이다. 보험상품들은 10년 이상 유지할 경우 비과세 혜택을 주는데, 비과세란 발생한 이자에서 떼는 15.4%의 이자소득세를 면제해주는 것을 말한다.

저축성보험은 사업비로 인해 5~6년 이내에 해약하면 원금 손실이 발생한다는 점과 10년이 지나야 비과세 혜택을 볼 수 있다는 점을 꼭 알고 있자. 그러니 5년 이내에 써야 할 돈이라면 적금을 이용해야 한다.

"이름으로 파악할 수 있는 보험상품의 성격"

보장성보험의 대표적인 상품은 '종신보험'이다. '종신'이라는 의미는 사망보험금이 종신토록 보장된다는 뜻이다. '종신'이라는 용어가 들어가는 보험상품은 저축성보험이 아닌 보장성보험이다.

'변액'이라는 단어가 붙은 보험상품들은 투자형 보험상품이다. 따라서 가입자가 받는 보험금이 고정되어 있지 않고 바뀐다. 예를 들어 변액연금보험은 일반 연금보험과 달리 연금 재원을 펀드에 투자해서 마련한다. 따라서 변액연금보험에 가입한 다음 펀드의 투자 성과가 좋으면 향후에 받을 연금액이 많아지고 그렇지 못하면 연금액은 적어진다. 반면 일반 연금보험은 예금이나 적금과 같이 이자가 붙어서 원금이 불어나는 구조다.

'유니버셜'이라는 단어는 입출금 기능을 말한다. 즉, 유니버셜보험은 입출금이 자유로우면서, 중간에 불입을 중단하거나 추가로 돈을 넣거나 인출할 수 있는 기능이 있다. 보험상품은 가입 후 원금에 도달하기까지 오랜 시간이 걸리기 때문에 단기적인 의미에서 이 기능은 효율성이 떨어진다. 참고로 종신보험과 같은 보장성보험의 경우에는 최소한 20년 정도가 지나거나 더 많은 시간이 지나야 원금이 회복되고, 저축성보험인 연금보험의 경우에도 대략 납입기간(5년 납

상품이면 5년, 10년 납 상품이면 10년 등)이 지나야 원금이 회복된다.

주의할 점은 '변액유니버셜보험'은 저축성보험이고, '변액유니버셜 종신보험'은 보장성보험이라는 점이다. 이 두 상품의 차이는 '종신'이라는 단어가 있느냐 없느냐이다. 두 상품의 이름이 비슷하다 보니 많은 사람들이 두 상품을 혼동한다. 하지만 두 상품은 분명 다른 상품이며, 무게중심이 저축이냐 보장이냐의 큰 차이가 존재하므로 목적에 따라 잘 살펴보고 선택해야 한다.

CI는 'Critical Illness'의 약자로 '중대 질병'이라는 의미다. 따라서 CI보험은 중대한 질병에 걸렸을 때를 대비해 가입하는 보장성보험이다. 예를 들어 중대한 암, 중대한 뇌졸중 등 심각하고 중대한 질병에 걸렸을 때 보장을 받게 된다. 반대로 말하면 심각하고 중대하지 않은 사고나 질병일 경우에는 보험 혜택을 받기가 힘들 수 있다는 점에 유의해야 한다.

몇 가지 중요한 보험용어에 대해 살펴봤다. 용어별로 핵심적인 뜻만 파악하고 있어도 장기상품인 보험을 이용하는 데 많은 도움이 될 것이다.

· 10장 ·

이 나이에도
연금을 들어야 할까?

나이가 들어 풍요롭게 사는 건 모든 직장인들의 로망이다. 하지만 세상에 공짜는 없다. 먼 훗날 풍요로운 노후를 맞으려면 지금부터 꾸준히 노후에 대비해야 한다. 진 역시 나이 들어 부모님처럼 되지 않으려고 연금에 관심을 갖는다. 문제는 '미혼들이 과연 노후준비를 잘할 수 있을까?'이다. 미혼들에게 노후는 중요하지만 급하지 않은 일이기 때문이다. 눈앞의 급한 일에 돈을 쓰다 보면 노후준비는 늘 뒤로 밀리기 십상이다. 의욕만 가지고 노후준비를 꾸준히 하기는 어렵다. 노후준비는 욕심만으로 무리하게 시작하면 반드시 실패한다. 부담 없는 금액으로 꾸준히 하는 게 유지 가능하고 현실적이다. 젊었을 때 현명하게 연금상품을 활용하는 방법을 살펴보자.

● 연령대별로 다르게 느껴지는 돈의 체감온도

같은 10만 원이라도 연령대별로 체감되는 가치는 같을까, 다를까? 예를 들어 미취학 아동, 10대, 20대, 30대, 40대, 50대, 60대, 70대에게 각각 10만 원을 매달 정부에서 생활비로 준다고 가정해보자.

　매달 받는 10만 원이 가장 값어치 있게 느껴지는 연령대가 있을까? 순서를 정할 수는 없지만 아마도 미취학 아동, 10대, 그리고 60

대, 70대가 느끼는 10만 원의 가치가 다른 연령대에 비해 상대적으로 크게 느껴질 가능성이 크다. 나이가 아주 어리거나 아예 많으면 10만 원의 가치가 크게 느껴진다는 것인데, 이유는 뭘까?

미취학 아동이나 10대들은 일단 10만 원으로 쓸 게 많다. 평소에 갖고 싶었던 걸 사거나 먹고 싶었던 걸 마음껏 사 먹을 수 있다. 10만 원의 가치가 커 보이는 때다. 그리고 60대, 70대는 은퇴를 한 연령대이다. 은퇴한 경우 월급이 아닌 연금으로 생활한다. 연금으로 생활하는 경우 현역으로 있을 때보다 적은 돈으로 생활해야 하기 때문에 10만 원의 가치를 더 소중하게 느낀다.

그런데 직장생활을 시작하는 20대 중후반부터 30대, 40대 혹은 50대가 느끼는 10만 원의 가치는 상대적으로 작다. 특히 30대 중후반~50대 초반의 경우, 돈도 어느 정도 잘 벌기도 하지만 돈을 쓸 일도 많다. 집 사랴, 자식 키우랴, 대출금 갚으랴 등등 돈 쓸 일이 많다 보니 10만 원의 가치가 크게 느껴지지 않는다. 이때는 10만 원을 대수롭지 않게 생각할 수 있다. 반대로 생각해보면 불필요한 지출을 조금만 줄이면 10만 원 정도는 더 저축할 수 있는 시기이기도 하다.

세대별로 다르게 느껴질 수 있는 10만 원의 체감가치를 이야기하는 건 노후준비 때문이다. 노후준비는 열심히 현역으로 일할 때 소득의 일부를 미리 떼어놓는 것이다. 10만 원의 가치가 크게 느껴지지 않을 때 10만 원의 가치가 크게 느껴질 때를 대비해서 강제로 떼어놓는다면 자신의 미래를 위해 가장 돈을 잘 쓰는 방법이 된다. 사

회생활을 시작하는 20대 때부터 큰 부담 갖지 않는 적은 금액이라
도, 강제로 연금상품에 꾸준히 자동이체를 걸어 놓고 불입하는 것
을 진지하게 생각해보자.

● 아직 젊은데 웬 연금?

연금은 노후준비를 위해 가입한다. 하지만 사회생활을 시작한 지
얼마 되지 않은 미혼들은 노후준비의 필요성을 크게 느끼지 못한
다. 노후준비는 사실 굉장히 중요하다. 우리가 열심히 일하고 저축
하는 이유는, 궁극적으로 돈 걱정 없이 행복한 노후를 보내기 위해
서이다. 하지만 2030 세대들에게는 많은 시간이 남아 있다 보니, 노
후는 중요하지만 급하지 않은 일로 밀려나기 쉽다. 설령 의욕이 앞
서 연금상품에 가입했다가도 중간에 돈이 필요해 해약하고 써버리
는 경우도 많다. 만약 중간에 해약해버릴 생각이 있다면 차라리 필
요성을 느낄 때 가입하는 것이 낫다. 중간에 해약하면 세금도 추징
당하고 상품에 따라 원금 손실도 발생할 수 있기 때문이다.

　그렇더라도 노후준비는 10만 원이 크게 느껴지는 은퇴 후를 생각
해 꾸준히 준비하는 것이 바람직하다. 부담 없는 금액으로 시작하
되 어느 정도 강제성을 띠고 실천해 나가야 한다. 가장 무난한 건 소
득의 10% 정도를 연금저축금액(소득의 10%가 아니라 매월 5만 원, 10

만 원도 괜찮다. 일단 없다고 생각하고 떼어놓는 게 중요하다.)으로 정하고, 퇴직 시까지 꾸준히 저축하는 것이다. 단, 소득이 늘어날 때마다 저축금액도 늘려줘야 한다. 예를 들어 월소득이 200만 원이라면 20만 원씩 연금상품에 저축하다가 월소득이 250만 원으로 오르면 연금저축금액도 25만 원으로 비례해서 늘려 나가야 한다. 그래야 은퇴할 때쯤 실질적으로 도움이 되는 노후자금이 마련된다.

● 개인연금은 상품 선택이 매우 중요하다

연금 선택 시 반드시 기억할 것이 있다. 연말정산 때 세액공제(내야 할 세금에서 빼주는 것)가 되는 연금상품은 상품 이름에 '연금저축'이라는 단어가 들어가 있다. 즉, 연금저축보험, 연금저축펀드 등에 가입해야만 세액공제를 받을 수 있다. 연금저축이라는 단어가 없는 상품들, 예를 들면 연금보험, 변액연금보험 등은 세액공제 혜택이 없는 대신에 10년 이상 유지 시 이자나 배당소득에 대해 비과세가 된다. 이런 상품들은 모두 보험상품이다. 반면 세액공제를 받는 연금저축 상품들은 세액공제를 받는 대가로 연금 수령 시에 수령액의 3.3~5.5%(55세~69세 5.5%, 70세 이후 4.4%, 80세 이후 3.3%)를 연금소득세로 내야 한다.

정리하면, 연금상품은 첫째, 지금 세액공제 혜택을 받고 나중에 연금소득세를 내는 상품(연금저축)과 지금 세액공제는 못 받지만 나중(가입 후 10년 이후)에 세금이 없는 보험사의 연금상품(연금보험, 변액연금보험)으로 나누어져 있다는 점을 정확히 알고 이용해야 한다. 또한 각각의 장단점이 있는 만큼 어떤 상품이 좋다고 단정적으로 이야기하기는 힘들다. 하지만 나이가 젊었을 때는 보험상품보다는 연금저축펀드를 활용해 보다 적극적으로 연금 재원을 불려 나가는 것을 권하고 싶다. 현재처럼 연 2%도 안 되는 낮은 금리로는 30년이 지나도 원금이 별로 불어나지 않는다. 예를 들어 10만 원을 30년간 연 2% 복리로 저축하고 치자. 30년 후에 납입한 원금 3,600만 원 대비 이자는 불과 1,320만 원밖에 붙지 않는다. 이것도 이자소득세 15.4%가 없다고 가정하고 계산한 결과다. 30년 후에 원금 대비 겨우 36% 정도 불어난 돈으로 행복한 노후를 꿈꿀 수 있을까?

저금리 시대에 노후자금과 같은 장기자금 마련에 투자상품을 권하는 건 바로 이런 이유 때문이다. 연금저축펀드의 경우 상품 구성이 다양해서 선택의 폭이 넓다. 예를 들어 주식형펀드, 채권형펀드, 부동산펀드, 혹은 기타 다양한 펀드로 분산투자(여러 개 펀드를 섞어서 활용할 수도 있다.)하면 위험도 줄이고 안정성을 높일 수 있다. 자신의 성향에 맞는 상품들을 여러 개 선택해서 포트폴리오를 짤 수 있는 것이 연금저축펀드의 장점이다. 또한 매월 납입하는 금액을 편하게 조절할 수 있고, 여의치 않을 경우 중간에 납입을 중지할 수 있다. (펀드투자 방법에 대한 내용은 11장 참조)

| 연금저축펀드 투자 |

10만 원을 연금저축펀드 계좌에 매월 넣는다고 하면, 이때 3개의 펀드(예를 들어 주식형, 채권형, 부동산펀드를 선택)를 선택하면 3개의 펀드에 분산해서 투자할 수 있다.

은퇴 시 내야 하는 연금소득세(3.3~5.5%)가 있지만, 연금을 납입할 때 돌려받는 세액공제금액(납입한 금액의 13.2~16.5%, 연간 한도 400만 원)이 크기 때문에 걱정할 필요없다. 만약 다음연도에 세액공제로 돌려받은 돈을 연금저축펀드에 추가로 납입한다면, 매년 그만큼 복리효과가 발생하게 돼서 연금 재원을 더 크게 불릴 수 있다.

예를 들어 매월 10만 원씩 1년간 120만 원을 연금저축에 납입하고, 연말정산 때 19만 8,000원(120만 원 × 16.5%)을 돌려받는다면, 납입원금 120만 원 대비 무위험수익 16.5%(19만 8,000원)가 발생한다. 그리고 이 돈을 연금저축에 추가로 납입한다면, 그만큼 복리(원금뿐 아니라 이자에도 이자가 붙는 것)로 노후자금을 불릴 수 있다. 결국 목돈으로 불린 다음 푼돈으로 연금소득세를 내는 만큼 노후준비하기에 좋은 상품이다.

단, 주의할 점이 있다. 연금 수령 시에 연금액이 연간 1,200만 원(월 100만 원)을 초과하면 종합소득 과세 대상이 된다는 점이다. 따라서 나중에 연금저축 상품에 가입해서 연금을 받을 때는 이 점을 기억해두자.

♣ 연금저축

연금저축은 연말정산 때 세액공제를 받는 상품이다. 세액공제를 받는 대신, 연금 수령 시 수령액의 3.3~5.5%의 연금소득세(55세~69세 5.5%, 70세~79세 4.4%, 80세 이상 3.3%)를 낸다. 연금받을 때 세금은 조금씩 분할해서 내지만, 납입할 때 세액공제로 돌려받는 금액은 연간 400만 원 한도 내에서 납입한 금액의 16.5%(근로소득 기준 연소득 5,500만 원 이하) 또는 13.2%(연소득 5,500만 원 초과, 단 연소득 1억 2,000만 원 초과자는 세액공제 한도 300만 원)이기 때문에, 목돈으로 돌려받는 구조다. 만약 연말정산 때 돌려받은 돈을 다음해 연금저축에 재투자한다면 위험 없이 복리효과를 누릴 수 있어서 아주 좋은 상품이다.

연금저축에는 연금저축보험과 연금저축펀드 2가지 종류가 있다. 따라서 가입 전에 '연금저축'이라는 단어가 들어가 있는지를 확인한 후에 연금저축보험과 연금저축펀드 중에 선택하면 된다.

⇨ 〈참고사항〉

2019년 7월 정부가 발표한 세제 개편안에 따르면, 2020년부터 연금저축계좌 세액공제 한도가 기존 400만 원에서 600만 원으로 늘어난다. 단, 50세 이상 가입자에 한하며 총합소득 1억 원 또는 총급여 1억 2000만 원 초과자, 그리고 금융소득종합과세 대상자는 제외된다. 개편안은 2020년 1월 1일 ~ 2022년 12월 31일까지 3년간 한시적으로 적용된다.

♣ 보험사의 연금상품

만약 개인연금에 가입했다고 생각했는데, 상품 이름에 '연금저축'이라는 단어가 없으면 보험사의 비과세 연금상품이다. 보험사의 비과세 연금상품으로는 '연금보험', '변액연금보험', '유니버셜보험', '변액유니버셜보험' 등이 있다. 이런 상품에는 '연금저축'이라는 단어가 없는 것이 특징이다.

보험사의 연금보험 상품은 가입 후 10년 이상 지나면 이자나 배당소득세 15.4%를 면제해준다. 하지만 보험사 연금상품들은 납입할 때 적지 않은 사업비(상품마다 다르지만 대략 납입보험료의 10% 내외)를 부담해야 한다. 보험사 연금보험의 경우 사업비 부담으로 납입기간이 지나거나 가입 후 5~6년 정도가 지나야 원금 손실이 발생하지 않는다.

● 퇴직연금도 방치하지 말자

직장생활을 한다면 퇴직연금에 가입되어 있다. 퇴직연금은 퇴직금 명목으로 회사가 전액 부담해서 적립해 나간다. 확정급여형(DB형)

과 확정기여형(DC형)이 있다. 확정급여형은 근로자가 받을 퇴직급여의 수준이 사전에 미리 결정되어 있는 형태이다. 반면 확정기여형은 회사가 적립해주는 돈을 근로자가 운용권을 갖고 운용한다. 어떤 방식으로 가입되어 있는지 확인하고, 확정기여형일 경우 어떻게 운용되고 있는지 관심을 갖고 점검해야 한다. 반면 확정급여형의 경우 회사가 근로자에게 줄 퇴직금을 직접 운용하기 때문에 근로자 입장에서는 운용에 신경 쓸 필요가 없다.

개인형퇴직연금(IRP)은 근로자가 회사가 부담하는 금액 외에 추가로 연금에 돈을 넣고 싶을 때 사용하는 계좌이다. 연금저축과 마찬가지로 다양한 상품으로 구성되어 있다. 예금, 펀드 등 본인이 원하는 방식을 선택해 운용할 수 있다. 연간 최대 700만 원 한도로 세액공제(연금저축 한도 400만 원 포함)를 받을 수 있다. 예를 들어 연금저축 400만 원 + 개인형퇴직연금 300만 원을 연간한도로 세액공제받거나, 개인형퇴직연금만 연간 700만 원 한도로 세액공제받을 수 있다. 만약 연금저축의 연간한도 400만 원을 초과해서 추가로 세액공제를 받고 싶다면, 개인형퇴직연금 계좌를 추가로 활용할 수 있는 것이다.

● 연금저축 활용 시 주의점

연금저축을 활용할 때는 주의해야 할 것이 몇 가지 있다.

첫째로, 중간에 해지하면 세액공제한 금액 만큼 추징당한다는 점이다. 연금저축은 최소한 5년 이상 납입해야 하고, 55세 이후부터 10년 이상 나눠서 연금으로 받아야 한다. 따라서 세액공제만 생각하고 무리하게 납입하기보다는 편안하게 노후까지 잊고 지낼 만한 금액을 저축해 나가는 게 바람직하다. 만약 중간에 해지하게 되면 적립금(원금＋이자)의 16.5%를 추징당한다.

둘째로는 한꺼번에 몰아넣는 경우 상품에 따라 위험이 발생할 수도 있다. 연금저축은 매월 일정한 금액으로 납입할 수도 있고 한꺼번에 목돈을 납입할 수도 있다. 참고로 연금저축의 세액공제 한도는 연간 400만 원이지만 최대 납입 가능 금액은 1,800만 원이다. (저축은 1,800만 원까지 할 수 있지만, 세액공제는 400만 원만 받을 수 있다.) 따라서 연말에 보너스를 이용해 한꺼번에 몰아넣는 경우도 있다. 이때 연금저축 상품에 따라 위험이 발생할 수 있어 주의해야 한다. 예를 들어 주식형 연금저축펀드의 경우, 연말에 왕창 목돈을 넣으면 주가 하락 시 투자 손실이 발생할 위험에 노출되므로 가급적 매월 납입해서 위험을 줄여 나가는 것이 좋다. 만약 목돈을 넣어야 하는 상황이라면 채권형펀드처럼 가격 변동이 적은 펀드에 넣어두었다가 나중에 주식형펀드로 옮기는 것도 괜찮다.

마지막으로, 연금저축에 가입해도 세액공제를 못 받을 수도 있다는 점이다.

소득이 적으면 내야 할 세금도 없다. 이를 '면세점 이하 소득'이라고 한다. 월급을 받으면 전체월급에 대해 세금을 부담하는 것이 아니다. 발생한 소득(월급)에 대해 일부 금액은 공제항목(12장 참조)이라고 해서 기본적으로 소득에서 빼준다. 이러다 보니 어느 정도 소득이 넘지 않으면 연말정산할 때 발생한 소득이 공제항목으로 모두 상쇄되어 아무런 세금이 발생하지 않게 된다. (즉, 세금을 덜 내기 위해 아무런 노력을 안 해도 내야 할 세금 자체가 없다.) 주전자로 말하자면 물이 끓는 온도가 되기 전에는 뚜껑이 흔들리지 않는 것처럼 일정 금액의 연봉까지는 세금이 전혀 발생하지 않는 기준점이 있다는 의미다.

즉 연소득에서 기본적으로 공제하는 근로소득공제와 기본공제, 추가공제, 표준공제만 빼줘도 내야 할 세금이 없다 보니 소득공제해 달라고 서류를 제출하지 않아도 월급받을 때 납부한 세금을 전액 돌려받는 것이다. 자신이 바로 '면세점 이하 소득'에 해당된다면 세액공제든 소득공제든 어떤 공제상품에 가입해도 공제 혜택을 받을 일 자체가 없으므로 세금을 돌려주는 상품에 연연하지 않아도 된다. 즉, 연금저축 상품이나 기타 세액 또는 소득공제 상품에 무리해서 가입할 필요가 없다는 의미다. 이런 경우라면 공제와 상관없이 다른 목적에 맞는 저축상품을 선택하는 것이 바람직하다. 그런

Get it Money

| 면세점 이하 소득 |

연봉이 일정 금액 이하인 경우, 소득공제나 세액공제 등에 신경을 쓰지 않아도 세금을 내지 않는다. 이를 **면세점 이하 소득**이라고 한다. 자신이 면세점 이하 연봉자라면 연말정산 때 공제를 받으려고 노력할 필요가 없다. 즉, 현재 연소득이 높지 않아서 정부가 세금을 걷어갈 게 없으므로 연말정산 때 더이상 돌려받을 세금도 없다는 의미다. 따라서 자신이 면세점 이하 소득인지 확인해보고, 면세점 이하 소득이 아닐 경우에만 연말정산 때 절세를 위해 노력하면 된다.

면세점 이하 소득은 매년 바뀌며, 독신인 경우, 부양가족이 있는 경우 등에 따라 바뀐다. 예를 들어 독신이라면 연소득이 1,000만 원 이하라면 면세점 이하 소득일 가능성이 크다 (2019년 기준). 이럴 경우 연말정산 때 굳이 공제와 관련된 서류를 제출하지 않아도 된다.

면세점 이하 소득을 확인하는 방법은 국세청 홈택스 홈페이지(www.hometax.go.kr)을 방문해, '모의계산' → '연말정산 자동계산'에서 미리 확인해볼 수 있다.

다음 세금을 낼 정도로 소득이 늘어난 시점에 연금저축 상품에 가입하는 게 좋다.

단, 연금저축에 가입했는데 내야 할 세금이 없어서 세액공제를 받을 필요가 없을 경우는, 세액공제 신청을 하지 않으면 된다. 이럴 경우 나중에 연금을 수령할 때 전체연금액이 아닌 수익이나 이자 부분에 대해서만 세금을 낸다. 즉, 세금 부담이 줄어든다. 따라서 연금저축에 이미 가입했는데, 면세점 이하 소득이라면 세액공제 신청을하지 말고 그대로 두면 된다. 혹은 다음연도에 내야 할 세금이 생겼다면 올해 세액공제 못 받은 연금저축 납입금액을 다음연도에 세액공제받을 수 있다. 이를 '납입년도 전환특례제도'라고 한다. 연금저축 세액공제 이월신청을 하려면, 연금가입자가 금융회사에 연락해서 필요서류를 받아 제출해야 한다. 즉 금융회사에서 세액공제 받지 않은 금액을 해당년도 납입액으로 수정한 확인서를 발급해주는데, 이 서류를 연말정산 때 증빙자료로 제출하면 된다.

노후준비는 가급적 일찍 시작하는 게 좋다. 하지만 본문에서도 강조했듯이 너무 큰 금액을 연금상품에 납입하지는 말자. 젊었을 때는 목돈 만드는 재미부터 느껴야 한다. 종잣돈 마련, 결혼자금, 주택구입자금 등 목돈으로 준비해야 할 것들이 많다. 무리하게 연금에 가입하다 중간에 깨는 것보다는 잊고 지내도 좋을 만큼의 돈을 연금에 가입해 꾸준히 유지하는 것이 훨씬 낫다. 멀리 보되 지치지 않고 꾸준히 가야 하는 것이 노후준비다.

·11장·
투자가 만만해
보이니?

직장생활을 하다 보면 뻔한 월급을 보면서 한숨이 나올 때가 있다. 이럴 때 주변에서 투자에 성공했다는 말을 들으면 귀가 쫑긋해진다. 직장인들이 뻔한 월급으로 쉽게 할 수 있는 것이 주식투자다. 진 역시 자신도 쉽게 돈을 벌 거라는 기대와 환상을 가지고 과감하게 질렀다. 하지만 투자가 그리 쉽나? 투자가 쉽다면 이 세상은 돈 걱정 없는 행복한 사람들로 가득 찼을 것이다. 투자는 생각보다 어렵다. 어렵기에 신중해야 하고, 자신에게 맞는 투자 방법을 실천해야 비로소 성공 가능성이 커진다. 쉽지 않은 투자, 실수를 줄이는 방법을 알아보자.

● 투자가 만만해 보이니?

직장인들이 돈을 벌고 싶을 때, 투자 대상으로 가장 쉽게 떠올리는 게 뭘까? 아마도 주식투자일 것이다. 주식을 산 후 기업 가치에 따라 주식가격이 오르면 그 차익으로 돈을 벌 수 있기 때문이다. 주식투자는 증권사에서 위탁계좌만 만들면 바로 주식을 사고팔 수 있어서 아주 쉽게 시작할 수 있다. 무엇보다 부동산과 달리 적은 금액으로 투자할 수 있다는 게 직장인들을 유혹한다. 누구나 할 수 있는 주식투자, 과연 생각만큼 주식으로 돈을 벌기가 쉬울까?

흔히들 좋은 주식을 오랫동안 보유하면 많은 돈을 벌 수 있다는 이야기를 한다. 실제로 30년 전 1990년에 삼성전자 1주의 주식가격은 600원(액면분할 감안한 가격)에 불과했고, 롯데칠성은 2,000원대, 포스코는 2만 원대에서 주식이 거래됐다. 하지만 30년이 지난 2020년 1월말 현재 삼성전자 주가는 5만 원대, 롯데칠성은 13만 원대, 포스코는 23만 원대에서 거래되고 있다. 우량주를 30년 정도 보유한 대가로 주식 가치가 11배~83배 정도 올랐다. 같은 기간 버스요금이 10배, 자장면 가격이 8배 정도 오른 것에 비하면 물가 이상 오른 셈이다.

이 정도는 아무것도 아니다. 1985년 말 주당 39센트에 거래되던 애플 주가는 2020년 1월말 현재 250달러에 거래되니까 35년이 지난 지금 641배 올랐다. 아마존 주식은 1997년 5월 15일에 주당 1.5달러(액면분할 감안한 가격)에 상장된 후, 20여 년이 지난 2020년 1월말 현재 2,000달러에 거래되고 있으니, 무려 1,300배나 올랐다.

이렇다 보니 종종 언론이나 인터넷에서 이런 사례를 들며 장기투자의 힘에 대해 이야기하기도 한다. 주식에서 장기투자는 중요하고, 이런 사례들에서 얻는 교훈도 있다. 하지만 과연 한 주식을 이렇게 오랫동안 보유하는 사람들이 얼마나 될까? 또한 한때는 주식시장에서 비싸게 거래됐지만, 지금은 부도 등으로 사라진 수많은 기업에 투자한 사람들의 장기투자 결과는 이처럼 행복했을까? 그만큼 한 기업의 미래를 예측하기는 어렵다.

우리 주변을 보면 주식으로 돈을 번 사람은 별로 없다. 오히려 부실한 기업에 투자하거나 소문에 휩쓸려 묻지마 투자를 해서 큰 손해를 본 사람들이 훨씬 많다. 우량한 기업에 투자했더라도 돈을 번다는 보장은 없다. 일례로 많이 오른 애플이나 아마존 주식이라도 비쌀 때 사서 싸게 팔아 손해본 사람들이 더 많기 때문이다.

돈도 돈이지만 직장인에게 주식투자의 가장 큰 폐해는, 일에 집중하는 것을 방해한다는 점이다. 100만 원을 투자하든 1억 원을 투자하든 직접 주식에 투자하면, 매일 매일의 시세 변화로 인해 일에 집중하기 힘들다. 가장 좋은 투자가 몸값을 올려 수입을 높이는 것이라는 점을 생각해보면, 이 부분이 주식투자로 인해 발생하는 가장 큰 손실이라 하겠다.

● 적립식펀드가 좋은 이유

주식이 투자하기 만만치 않다면 다른 대안은 없을까? 내가 고민해야 하는 투자를 전문가에게 맡기고 일에 전념하는 방법을 선택하면 된다.

펀드는 주식이나 채권, 부동산은 물론이고 금이나 원유, 농산물 등에 투자하는 금융상품이다. 내가 직접 투자하는 것이 아니라 나를 대신해 전문가가 투자를 대신해주는 간접 투자상품이다. 즉, 펀드를 운용하는 전문가에게 내 돈을 맡기고 그들이 나를 대신해 펀드를 운용한다. 주식에 투자하면 주식형펀드, 채권에 투자하면 채권형펀드, 부동산에 투자하면 부동산펀드가 된다. 이렇게 펀드는 종류와 투자 대상이 매우 다양하다. 따라서 주식이나 채권, 부동산 중에 투자하고 싶은 분야를 먼저 정한 다음, 해당 분야에 투자하는 펀드 중에서 좋은 펀드를 고르는 것이 좋다. 예를 들어 주식에 투자하고자 한다면 주식형펀드 중에 좋은 펀드를 선택하는 것이다. 반면 채권에 투자하기를 원한다면 채권에 투자하는 펀드들을 살펴본 다음 그중에서 마음에 드는 펀드를 선택한다.

펀드의 장점은 투자자산을 분산시켜서 손실 위험을 줄일 수 있다는 점이다. 주식형펀드를 예로 들면, 펀드가 투자하는 기업이 수십 개에서 많으면 100개가 훌쩍 넘어간다. 투자하는 기업들의 수가 많다 보니 설령 몇 개 기업이 잘못되더라도 대부분의 기업들은 지속적으로 성장한다. 따라서 경제가 지속적으로 뒷걸음치지 않는 한, 장기적으로 펀드의 가치는 꾸준히 올라갈 가능성이 크다. 또 직접 주식에 투자하는 것에 비하면 펀드는 움직임이 둔하기 때문에, 한두 개 주식에 집중적으로 투자한 후 해당 기업이 부실해질 때 발생하는 최악의 상황은 피할 수 있다.

예를 들어 국내 주식형펀드에 투자한다면 우리나라를 대표하는 수십 개 혹은 백 개 이상의 우량기업들에 투자하는 것이고, 우리나라 경제가 지금보다 꾸준히 성장할 거라고 기대한다면, 주식형펀드는 좋은 투자 수단이 된다.

하지만 펀드 선택보다 중요한 게 있다. 투자에 앞서 투자기간과 투자목적, 즉 언제 어떤 목적으로 돈을 사용할지부터 명확히 정하는 것이다. 만약 3년 이내에 써야 할 단기자금이라면 안전한 예금이나 적금을 이용하는 것이 바람직하다. 펀드투자를 할 때는 되도록 투자기간을 길게 잡는 것이 손실 가능성을 줄일 수 있기 때문이다. 즉, 투자기간을 최대한 길게 잡을수록 기대했던 수익을 달성할 가능성이 커진다.

참고로 1980년 이후 40년 정도 우리나라 주식시장의 흐름을 살펴보면, 가장 주가가 비쌀 때 펀드에 가입했다고 해도 대략 5년 정도면 주가가 고점을 회복하는 모습을 보여왔다. 따라서 투자기간을 최소한 5년 이상, 가급적 10년 이상 길게 내다보고 투자해야 위험을 줄일 수 있다. 특히 적립식(적금식) 투자로 투자 시기를 분산하는 게 좋다. 이렇게 투자기간을 길게 잡은 후에 해당 기간 안에 원하는 수익이 달성되면, 그때 펀드를 환매하면 된다. 그러나 펀드는 손실이 발생하면 아무도 대신해서 책임져주지 않는다는 걸 명심하자.

● 어떤 펀드가 좋을까

펀드를 선택할 때는 크게 2가지를 보면 된다. 첫째는 비용이고, 둘

째는 수익률이다. 즉 비용이 싸면서 수익률이 높은 펀드를 고르면
된다.

♣ 펀드 가입 시 비용

펀드는 내가 직접 투자하는 게 아니라 전문가에게 투자를 맡기는
것이기 때문에, 전문가를 이용하는 대가로 비용을 내야 한다. 즉,
100만 원을 펀드에 넣으면 100만 원이 다 투자에 사용되는 것이 아
니라 이 중 일부분이 비용으로 빠지고 나머지 돈만 펀드에 투자된
다는 의미다. 예를 들어 비용이 2%이고 100만 원을 투자한다면 비
용은 2만 원이고 나머지 98만 원이 투자에 사용된다.

비용은 펀드에 따라 천차만별이지만 비용이 적을수록 실제 투자
에 사용되는 돈이 많아지므로 비용은 적을수록 좋다. 투자자가 부
담해야 하는 비용 중에는 수수료와 보수가 있는데, 수수료는 한 번
만 내고 마는 일회성 비용이고, 보수는 펀드를 유지하는 기간 동안
지속적으로 내야 하는 비용이다. 예를 들어 판매수수료 1%라고 하
면, 투자금액의 1%를 펀드 가입 시 펀드를 판매하는 회사가 뗀다.
반면 판매보수 1%라고 하면, 한꺼번에 1%를 떼는 게 아니라 투자
금액의 1%를 1년간 분산해서 떼간다.

수수료와 보수는 판매사를 포함해 펀드와 관련된 회사들에게 지
급된다. 펀드를 판매하는 회사에게 지급되는 판매수수료와 판매보
수가 있고, 펀드를 운용하는 회사를 위한 운용보수, 펀드를 관리해

주는 회사에게 지급되는 수탁보수 등이 있다. 이 중 판매와 관련된 수수료나 보수의 비중이 가장 높다.

♠ 수익률 높은 펀드 고르기

펀드의 수익률을 평가할 때는 최근의 수익률만을 보는 것보다는 최근 1개월, 최근 6개월, 최근 1년, 최근 3년 등 기간을 최대한 다양하면서도 길게 설정해 살펴보는 것이 좋다. 그래야 꾸준히 수익률 성과가 좋은 펀드를 고를 수 있다. 이해를 돕기 위해 국내 주식형펀드인 올리브펀드의 사례를 통해 수익률 좋은 펀드를 고르는 방법을 살펴보자.

펀드(여기서는 올리브펀드임)는 수익률을 체크할 때 비교 대상이 있다. 국내 주식형펀드의 경우는 종합주가지수인 KOSPI (또는 KOSPI200, 종합주가지수에 포함된 우량종목 200개의 주가를 추종하는 지수) 혹은 코스닥 등이 비교 대상이 된다. 그리고 펀드의 비교 대상이 되는 지수를 BM(벤치마크)이라고 부른다. 올리브펀드의 경우, 벤치마크인 KOSPI와 비교해봤을 때 최초 1개월을 제외하면 벤치마크에 비해 오를 때는 더 많이 오르고 빠질 때는 덜 빠지는 것을 알 수 있다. 특히 3년간 투자했을 때 BM인 KOSPI200 지수는 56.50%가 오른 반면, 올리브펀드는 두 배에 가까운 101.3%의 수익을 거뒀다.

BM인 KOSPI 200에 1,000만 원을 3년간 투자했다면 1,000만 원의 56.5%인 565만 원의 수익이 발생했지만, 올리브펀드에 같은 금액

⇨ 올리브펀드 수익률

(%)　　　기간	1개월	6개월	1년	3년
펀드	−0.70	−8.70	4.20	101.31
BM	0.16	−9.92	−10.40	56.50
초과수익률(%포인트)	0.86	−1.22	14.6	44.81

*BM(벤치마크 : KOSPI 200)

을 같은 기간 넣어뒀다면 1,000만 원의 101.3%인 1,013만 원의 수익
이 발생해서 원금까지 합해 총 2,013만 원을 손에 쥔다는 의미다. 이
런 경우 올리브펀드는 수익률이 아주 좋은 펀드라고 볼 수 있다.

이런 식으로 오랜 기간 꾸준히 좋은 성과를 거둔 펀드를 고를 수
있다. 펀드 수익률에 대한 정보는 펀드 평가 사이트인 펀드닥터
(www.funddoctor.co.kr)나 네이버금융(finance.naver.com) 혹은 은행이
나 증권사의 펀드 판매 사이트 등을 방문해서 확인할 수 있다. 관련
사이트를 방문한 다음 원하는 펀드를 검색하거나 여러 펀드를 비교
해서 좋은 펀드를 고를 수 있다.

♣ 비용과 수익이 모두 좋은 인덱스펀드
펀드를 고를 때는 비용보다 수익률을 보는 게 좋다. 비용이 조금 비

싸더라도 부담하는 비용 이상으로 수익이 더 많이 발생하면 투자자에게 더 이득이기 때문이다. 하지만 수익은 예측하기 어려운 반면 비용은 투자금액에서 정해진 만큼 떼가는 고정비용이다. 따라서 정해진 고정비용을 최소화하는 것이 현명한 방법이다. 이런 면에서 가장 무난한 건 인덱스펀드다. 일반 주식형펀드에서 투자자가 부담하는 비용(수수료와 보수)이 투자금액 대비 대략 2.0~2.5% 내외인데 반해, 인덱스펀드는 대략 1.5% 정도로 저렴하며, 온라인 전용 인덱스펀드는 비용이 더 저렴하다.

인덱스펀드는 특정 주가지수의 움직임을 따라가도록 만들어진 펀드이다. 국내 인덱스펀드는 주로 종합주가지수인 KOSPI 또는 KOSPI200을 추종하도록 만든 펀드가 많고, 이 외에 코스닥지수, 미국 S&P지수나 나스닥지수, 혹은 상해종합지수나 심천종합지수 또는 일본 토픽스지수를 추종하도록 만들어진 해외 인덱스펀드 등 종류는 매우 다양하다. 국내 인덱스펀드의 경우에는 펀드 간 수익률 차이가 크지 않으므로 믿을 만한 운용사가 운용하는 인덱스펀드를 선택하면 된다. (아니면 국내 주식시장에 상장되어 거래되는 상장지수펀드인 ETF(Exchange Traded Fund)에 투자해도 인덱스펀드와 같은 효과가 있다. 대표적인 국내주식 관련 ETF로는 KODEX200과 Tiger200 등이 있다. ETF의 경우 증권사에서 위탁계좌를 만들어 주식에 투자하듯이 ETF를 사고팔면 된다.) 수많은 주식형펀드 중에 인덱스펀드보다 훨씬 나쁜 성과를 보여주는 펀드들이 상당히 많다. 펀드 운용사들의 방만한 펀드 운용과 펀드매니저들의 잦은 이동 등으로 오랜 기간 좋은 성과를 유지하는 펀드들이 의외로 많지 않은 것이다. 이런 이유로 인덱스펀드나 ETF에 투자하는 것이 장기적으로는 가장 무난한 선택이 될 수 있다.

♣ 적립식펀드가 안전한 이유

적립식펀드는 적금에 불입하듯이 매월 정기적으로 펀드에 투자하는 것을 말한다. 적립식펀드의 장점은 매월 꾸준히 펀드에 돈을 투자함으로 인해 투자 시점이 분산되어 위험을 줄일 수 있다는 점이다. 한꺼번에 목돈을 펀드에 투자하는 거치식의 경우 주식시장이 많이 오르면 많은 돈을 벌 수 있다. 하지만 반대로 주식시장이 하락하면 큰 손실이 발생할 수 있어서 위험해진다.

따라서 하루 앞을 내다보기 힘든 주식시장 특성상 적립식 투자로 위험을 줄이는 게 상대적으로 안전하다. 적립식 투자의 경우 3년~4년 정도 꾸준히 불입했을 때 투자 성과가 가장 좋다는 점을 감안해, 길게 보고 중간중간 변동하는 수익률에는 너무 연연하지 않는 것이 좋다. 오히려 주가가 하락할수록 더 싸게 펀드에 투자할 수 있다는 걸 기억하고, 주가가 하락하는 것을 즐길 수 있어야 한다.

♠ 요즘은 펀드보다 ETF가 대세

ETF(Exchange Traded Fund)는 상장지수펀드를 말한다. ETF는 주가

지수가 오른 만큼의 수익률을 추구하는 인덱스펀드를 주식처럼 주식시장에 상장시켜서 사고팔 수 있도록 만든 펀드라고 보면 된다. 인덱스펀드와 마찬가지로 주가지수와 거의 비슷한 수익률이 날 수 있도록 설계되어 있다. 주식과 마찬가지로 편하게 사고팔 수 있지만, 일반 주식과 달리 거래세(0.3%)가 면제되고 펀드에 비해 투자자가 부담하는 비용인 보수가 훨씬 적다. 펀드의 경우 투자한 금액에 대해 대략 연 2.0∼2.5% 내외의 수수료나 보수를 내야 하는 데 비해, ETF의 경우에는 상품마다 차이는 있지만 연평균 0.34% 정도의 보수만 내면 된다. 펀드에 1,000만 원을 투자했을 때 1년간 대략 20∼25만 원 정도의 비용이 발생한다면, ETF는 3만 4,000원만 내면 된다. 비용 면에서 ETF는 매우 착한 상품이며 장기투자에 아주 적합하다.

ETF의 또 다른 장점은 투자 대상이 매우 다양하다는 점인데, 국내주식은 물론이고 해외주식, 채권, 통화, 금, 원유, 농산물, 부동산 등에도 투자할 수 있다. 또한 펀드와 달리 주식처럼 실시간으로 사고팔 수 있고, 팔고 난 후 영업일 기준으로 이틀 후면 현금화할 수 있다는 점도 장점이다. 펀드(국내 주식형 기준)는 팔고 나면 영업일 기준으로 사흘 후에 현금화할 수 있으니까 펀드에 비해 하루 빠르다.

적은 돈으로 투자할 수 있는 것도 장점인데, 우량한 고가 주식의 경우 몇만 원 혹은 수십만 원 이상이 있어야 1주라도 투자할 수 있다. 하지만 ETF의 경우 비교적 가격이 낮아서 대략 1만 원 내외의 자투리 돈으로도 투자할 수 있다. ETF나 주식의 경우 최소 거래단위는 1주다. 월 생활비 중 남는 자투리 돈 1만 원 혹은 몇만 원이 통장에서 꿈틀대고 있다면, 그 돈이 사라지기 전에 바로 ETF에 투자해보자. 예를 들어 2만 원이 있다면 1만 원은 주식 관련 ETF, 1만 원은 금 관련 ETF 등으로 분산투자도 가능하다. 설령 단기적으로 손실이 나더라도 어차피 사라질 돈으로 투자했다고 생각하면 마음도 편해진다.

ETF는 단점도 있다. 언제든 사고팔 수 있다 보니 장기투자보다는 단기투자로 흐를 가능성이 있다. 또한 펀드는 자동이체로 투자가 가능하지만 ETF는 직접 주식시장에서 사야 한다. 일부 증권사에서 자동이체 방식으로 투자해주는 상품도 있지만, 대부분은 그렇지 않다. 이 외에 거래량이 적을 경우 사고팔기가 쉽지 않을 수 있으므로 투자하기 전에 거래량도 확인하는 게 좋다. ETF에 투자하고 싶으면 증권사에서 주식에 투자할 수 있는 '위탁계좌'를 만들어야 한다. 위탁계좌를 만들려면 1) 가까운 증권사 지점에 가거나, 2) 스마트폰으로 비대면계좌를 만들 수 있는 증권사의 앱을 다운받으면 된다. 위탁계좌를 개설한 후 여윳돈이 생길 때마다 1주 단위로 조금씩 투자해보면 생각보다 ETF가 어렵지 않다는 것을 알 수 있다.

● 조심해야 할 ELS

펀드나 ETF와는 성격이 다르지만 자주 접하게 되는 또 다른 상품이 있다. 주가연계증권이라고 불리는 ELS(Equity Linked Securities)이다.

꽤 오래전부터 은행이나 증권사에서 자주 권하는 상품이다. ELS를 설명할 때 흔히 '펀드보다 안전하면서 예금보다는 높은 수익을 얻을 수 있는 상품'이라는 말을 한다. 하지만 ELS에 가입한 후 주식이 폭락해 많은 손실을 입은 사례도 종종 있었다.

ELS는 특정 개별 주식의 가격이나 주가지수에 연계되어 투자수익이 결정되는 상품이다. 예를 들어 삼성전자 주가가 가입일로부터 1년 후 40% 이상 하락하지 않으면 연 5%의 수익을 얻지만, 40% 이상 하락하면 하락한 만큼 손해를 볼 수 있는 상품이다. 이 경우 투자자가 얻을 수 있는 최대 수익은 연 5%이지만 최대로 손해볼 수 있는 손실률은 -100%, 즉 최악의 경우(삼성전자가 망해서 주가가 0원이 되는 경우) 원금을 다 날릴 수도 있다. 수익에 대한 최대폭은 제한되어 있지만, 원금 손실에 대한 제한 폭은 없는 셈이다.

따라서 주식이나 펀드에 비해 안전하다는 말만 믿지 말고 언제든 손실이 발생할 수 있다는 점을 인식하자. 또한 복잡한 구조로 되어 있어서 이해하기가 힘든 경우에는 투자를 유보하는 것을 권하고 싶다. ELS 외에도 투자할 상품은 굉장히 많기 때문이다.

Get it Money

| 주가연동예금 ELD |

ELD(Equity Linked Deposit)는 주가연동예금이라 부른다. ELS가 투자상품이라면, ELD 는 예금상품이고 은행에서 판매한다. 예금상품이기 때문에 원금보장이 되고 예금자보호도 된다. ELS와 비슷하지만 훨씬 안전하다는 장점이 있다. 하지만 기대 수익률이 ELS에 비해서 낮다. 기본적인 구조는 ELS와 비슷하다.

하지만 원금보장이 되는 ELS는 안전하며, 지수와 연동되어 수익이 결정되는 ELS는 개별 주식에 연동된 ELS에 비해 상대적으로 위험이 낮다. ELS도 상품마다 구조가 다르므로 상품 구조를 정확히 살펴본 다음 투자 여부를 결정해야 한다. 만기는 1년~3년까지 다양한데, 가급적 만기가 짧은 것을 선택해야 정해진 수익이 달성될 가능성이 크다. ELS는 증권사에서 발행하고 판매하지만 은행에서도 ELS를 판매한다. 결론적으로 ELS 역시 종류가 다양하므로 안전한 것과 위험한 것을 구분해서 이용하는 것이 핵심이다.

"Class를 이해하면 펀드의 비용이 보인다"

펀드마다 투자자가 부담하는 수수료와 보수는 다르다. 반면 같은 펀드라도 서로 다른 수수료와 보수체계를 가지는 경우가 많은데, 이럴 경우 Class로 구분한다. 즉, 펀드는 같지만 Class가 다르다면, 펀드가 운용하는 자산은 같더라도 수수료와 보수체계가 다르게 적용된다. 보통 펀드 Class는 A, B, C 등으로 나뉜다. Class A는 선취판매수수료가 있는 경우, Class B는 후취판매수수료가 있는 경우, 그리고 Class C는 선취판매수수료는 없고 보수만 있는 경우이다. 이 외에 Class E는 인터넷 전용 펀드, Class P는 연금펀드, Class H는 해외펀드 중에 환헷지펀드, Class UH는 환헷지를 안 하는 펀드라고 이해하면 된다. 이렇게 Class 종류가 다양하지만 가장 기본적으로 Class A와 C를 이해하면 수수료와 보수에 대해 기본기를 갖출 수 있다.

국내 주식형펀드의 경우 투자자는 일반적으로 연 2.0~2.5% 내외에서 수수료와 보수를 혼합해 부담한다(단, 인덱스펀드나 온라인 전용 펀드 등은 제외). 즉 Class에 따라 선취수수료 1%에 보수 연 1.5%가 되거나 선취수수료 없이 보수만 연 2.5%가 부과된다. 다음의 도표를 보면 Class A는 선취수수료 1%에 보수 연 1.5%가 되고, Class C는 선취수수료가 없는 대신 보수만 연 2.5%가 적용된다.

⇨ 올리브펀드

Class	Class A	Class C
선취판매수수료	납입금액의 1%	없음
보수	연 1.5% (판매 0.72, 운용 0.72, 기타 0.06)	연 2.5% (판매 1.72, 운용 0.72, 기타 0.06)

1,000만 원을 사례의 올리브펀드에 가입하고자 하는데, Class A와 C 중 어느 것이 유리할까?

Class A의 경우 판매수수료로 1,000만 원의 1%인 10만 원을 최초 투자 시 한 번 떼고, 보수인 1.5%는 가입기간 동안 투자금액 대비 일할 계산(매일 매일 잔액을 기준으로 보수를 계산하는 것)해 지속적으로 뗀다. 이럴 경우 최초 1년 동안은 비용 부담이 비슷하지만 1년이 넘어가면서부터 Class A의 경우에는 연 1.5%의 보수만 부담하면 되니까 실제 부담하는 총비용 부담은 최초 1년간 2.5%를 기점으로 점점 줄어든다. 반면 Class C의 경우에는 총비용 부담은 지속적으로 2.5%를 유지하게 된다. 즉 투자기간이 길수록 Class A가 비용 면에서 유리해진다. 또한 Class A는 수익이 발생해 투자금액이 늘어날수록 최초 원금에 대해 1%의 수수료를 미리 떼기 때문에 유리한 구조가 된다. 나머지 투자기간에는 1.5%의 보수만 내면 되므로 실제 부담률이 줄어들기 때문이다. 반면 Class C는 투자금액이 불어나면 계속해서 자산 대비 연 2.5%의 비율을 부담해야 하므로 투자금액이 불어날수록 비용 부담 금액은 커진다. 결론적으로 장기투자를 염두에 둔다면, Class A를 선택하는 것이 비용면에서 유리하다.

· 12장 ·

연말정산,
나는 왜 폭탄 맞을까

엥!

팀장님! 이상해요. 저는 돈을 더 내라고 나왔어요!

음...

저도 좀 이상한데..

얼마 전부터 월급이 조금 더 들어오지 않았나요?

회사에서 세금을 조금만 제하기로 정책이 바뀌어서 그런 거예요. 대신 연말정산 때 세금을 더 내야 되는 거죠.

그래서 저도 올해는 열심히 준비했어요.

저는 결혼과 출산으로 인적 공제를 많이 받았죠.

하하핫

참고로 전 환급금 두둑히 받았습니다.

연말정산 후 올리브는 왜 세금을 더 내야 했을까? 결론부터 이야기하면 그동안 월급을 받을 때 세금을 덜 냈기 때문이다. 다른 사람들은 얼마라도 돈을 돌려받았는데, 혼자서 돈을 더 내야 하는 올리브(진)는 억울한 생각이 들 수 있다. 하지만 이는 월급 내역과 연말정산에 대해 잘 몰라서 발생한 일이다. 이제부터라도 잘 대처해서 전략을 잘 짜면, 내년에는 남들처럼 돈을 환급받을 수 있을 것이다. 전략을 짜려면 기초가 튼튼해야 하는 만큼, 내가 받는 월급명세서가 어떻게 구성되어 있는지부터 살펴보자.

● 월급명세서의 기분 나쁜 아이들

월급을 받아보면 원래 받기로 한 금액보다는 항상 덜 들어온다. 그렇다면 회사가 내 월급을 가로챈 것일까? 그렇지는 않다. 회사는 약속한 대로 줄 돈을 다 준다. 단지 월급에서 내가 내야 할 돈들(세금, 국민연금, 건강보험료 등)을 회사에서 대신 미리 내주고 나머지를 통장에 넣어줬을 뿐이다. 따라서 회사가 대신 내준 돈이 어디로 흘러갔는지 잘 살펴봐야 한다.

월급을 받으면 '월급명세서'를 받게 되는데, 대충만 보고 넘어가

지급내역	금액(원)	공제내역	금액(원)
기본급	1,759,870	근로소득세	34,380
연장수당	656,800	지방소득세	3,430
연차수당		국민연금	108,720
직책수당		건강보험료	78,050
휴일수당		장기요양보험료	6,640
복리후생비		고용보험료	15,700
상여금		사우회비	12,080
		식대공제	12,000
총지급액	2,416,670	총공제액	271,000
		차감지급액	2,145,670

올리브 님의 노고에 감사 드리겠소^^

는 경우가 많다. 내용이 어렵게 느껴지기 때문이다. 하지만 큰 흐름만 잡아도 월급명세서에서 어떤 일이 벌어지는지 짐작할 수 있다. 월급명세서에는 나를 기쁘게 하는 아이들과 슬프게 하는 아이들이 있다. 나를 기쁘게 하는 아이들은 왼쪽 '지급내역'이라는 동네에 살고 있고, 나를 슬프게 하는 아이들은 오른쪽 '공제내역'이라는 동네에 몰려 산다.

지급내역에 옹기종기 모여 사는 애들은 인상도 좋고 이해하기도 쉽다. 기본급(혹은 본봉)에다 여러 가지 수당이나 상여금 등으로 구성된다. 반면 공제내역에 몰려 있는 애들은 얼핏 이해하기도 어렵고 인상도 나빠 보이는데, 주로 보험료와 세금 항목들이다. 월급에서 돈이 빠져나가는 것에 대해 기분 좋을 사람은 없지만, 월급명세서를 제대로 이해하기 위해서는 지급내역보다 공제내역에 있는 보험료와 세금에 대해 보다 정확히 감을 잡는 것이 중요하다.

회사마다 월급명세서의 양식이나 항목은 다르다. 하지만 기본적인 골격에는 공통점들이 많으므로 자신의 월급명세서와 비교해보면 도움이 될 것이다. 개인별로 차이는 있겠지만 대략 소득의 9~10% 내외는 각종 공제로 빠져나간다고 보면 무리가 없을 것이다.

일단 눈에 들어오는 것은 국민연금과 건강보험료다. 국민연금은 노후를 대비해서 국민연금공단에 내는 돈이며, 복리후생비와 각종 수당을 제외한 월급(기준소득월액이라고 하며, 보통 기본급과 상여금을 합한 금액)의 9%를 낸다. 단, 회사가 절반을 부담하니까 내 월급에서 빠져나가는 건 4.5%이다. 건강보험료는 월급의 6.67%(2020년 기준임. 매년 부담률이 바뀌는데, 해마다 조금씩 인상될 가능성이 높다.)를 내며, 국민연금과 마찬가지로 회사가 절반을 내주니까 월급의 3.335%가 빠져나간다. 고용보험료는 실업급여나 고용안정사업 등에 필요한 비용을 충당하기 위한 비용이며, 나를 포함한 모든 근로자를 위해 내는 돈이니까 너무 아까워하지는 말자.

소득세는 월급에 대해 발생하는 기본적인 세금이다. 월급 수준이나 부양가족 수에 따라 세액이 달라지기 때문에 소득 대비 일정한 비율로 계산하기는 어렵다. 만약 세부적인 내용이 궁금하면 국세청 홈택스 홈페이지(www.hometax.go.kr)를 방문해 '조회, 발급 → 기타

조회 → 근로소득 간이세액표'를 통해 확인할 수 있다. 주민세는 소득세의 10%를 낸다. 후생회비는 나를 포함해 동료직원들 모두의 복지를 위해 내는 돈이다. 장기요양보험료는 65세 이상의 장애노인이나 노인성질환을 가진 사람들을 지원하기 위해 사용되고 건강보험료의 10.25%(2020년 기준이며 매년 바뀌는데, 해마다 조금씩 인상될 가능성이 높다.)에 해당하는 돈을 뗀다. 장기요양보험료는 우리 부모님이 나이가 드신 후에 혜택을 보실 수도 있고, 주변에 몸이 불편하신 노인들을 위해 쓰이는 만큼 기분 좋게 내도 괜찮다.

월급명세서를 구성하는 항목들에 대해 대략적으로 살펴봤다. 세금을 뗄 때 적용되는 세율은 여러 가지 변수에 따라 달라지니까 너무 세밀하게 계산할 필요는 없고 흐름을 잡는 데 주력하자. 중요한 건 매월 뗴는 월급명세서상의 세금은 국세청에서 최종적으로 낼 세금을 알려주고 뗴는 게 아니라는 점이다. 즉, 우리가 월급에서 매월 뗴는 세금은 국세청에서 미리 정해 놓은 '근로소득 간이세액표'에 의해 총무부서에서 대략적으로 계산해서 뗴게 된다. 그 다음 최종적으로 연말에 세금을 확정하는데, 그동안 낸 세금과 확정된 세금을 비교한 후 많이 냈으면 돌려받고 덜 냈으면 추가로 세금을 내게 된다. 이런 절차를 '연말정산'이라고 하며, 이듬해 2월에 월급을 받을 때 최종적으로 돌려받거나 더 내게 된다.

이런 이유로 매년 연말이 되면 주변에서 '연말정산'을 잘해야 한다는 말을 많이 한다. 올리브가 돈을 더 내야 했던 이유는 연말정산을 해보니까 그동안 낸 세금에 비해 최종적으로 확정된 세금이 더 많았기 때문이다. 다음부터 세금 폭탄을 맞지 않으려면 지금부터 전략을 잘 짜서 대비해야 한다.

● 적게 벌면 적게 낸다

매월 200만 원을 받는 사람과 300만 원을 받는 사람 중에 누가 더 세금을 많이 낼까? 당연히 300만 원을 받는 사람이다. 그런데 갑자기 요정이 나타나 300만 원 받은 사람의 월급을 200만 원 받은 것처럼 만들어준다면 어찌 될까? 요정 덕분에 200만 원 받은 사람과 같은 금액의 세금만 내면 되니까 그동안 더 낸 세금을 돌려받을 수 있다. 즉 '소득공제'란 연간소득에서 세금을 덜 낼 수 있도록 과세 대상이 되는 소득에서 일정 금액을 빼(공제해)주는 걸 의미한다. 따라서 소

Get it Money

| 연말정산과 소득공제 |

연말정산은 1년간 월급에서 매월 뗀 세금의 합계와 국세청에서 확정된 세금을 비교해서 많이 냈으면 돌려받고, 덜 냈으면 그만큼 세금을 내게 하는 정산 작업을 의미한다.
소득공제는 과세의 대상이 되는 소득 중에서 일정 금액을 공제해주는 것이다. 소득공제를 잘해서 과세해야 할 금액을 줄인다면 세금 부담을 덜게 된다.

득공제 금액이 많아질수록 세금이 부과되는 기준인 '과세표준액'이 줄어들어 돌려받는 환급액이 많아진다. 반면 '세액공제'는 최종적으로 내야 할 세금에서 일정 금액을 빼(공제해)주는 것을 의미한다.

그래서 소득공제나 세액공제를 많이 받는 게 연말정산의 꽃이다. 연말정산을 잘해 세금을 환급받는 건 공돈이 생기는 것이 아니라 내가 낸 세금을 돌려받는 것에 불과하다. 하지만 결과적으로 월급이 늘어나는 것과 같은 효과가 있으므로 평소에 전략을 치밀하게 세우고 악착같이 세액공제나 소득공제를 받도록 노력해야 한다.

많은 사람들이 '소득공제' 하면 신용카드(체크카드, 현금영수증), 주택청약종합저축, 도서공연비 등을 떠올린다. 하지만 이보다 먼저 알아둬야 할 것들이 있다. 소득공제를 받을 때 단순히 연봉과 소득공제 효과를 연결해서는 안 된다는 점이다. 예를 들어 연소득이 2,000만 원이고 100만 원의 소득공제를 받았다면, 다음 표(246페이지)에 나와 있는 연소득 2,000만 원에 해당하는 소득세율 16.5%가 적용되어 100만 원 중 16.5%인 16만 5,000원을 돌려받을 거라고 생각하기 쉽다.

하지만 그렇게 생각하면 안 된다. 연봉이 2,000만 원이라도 각종 공제를 받게 되어 과세 대상이 되는 금액이 줄기 때문이다. 예를 들면 모든 근로자는 누구나 '근로소득공제'라는 항목에서 일정 금액을 공제받는다. 공제금액은 연봉에 따라 다르다. 연봉이 500만 원 이하일 경우 70%인 350만 원을 공제해주고, 1,000만 원일 경우 550만

⇨ 종합소득세율표, 2019년 귀속, 납부기한 2020년 5월1일~5월30일

과세표준	세율 (주민세 10% 포함)
1,200만 원 이하	6.6 %
1,200만 원 초과 ~ 4,600만 원 이하	16.5%
4,600만 원 초과 ~ 8,800만 원 이하	26.4%
8,800만 원 초과 ~ 1억 5,000만 원 이하	38.5%
1억 5,000만 원 초과 ~ 3억 원 이하	41.8%
3억 원 초과 ~ 5억 원 이하	44%
5억 원 초과	46.2%

원, 2,000만 원일 경우 825만 원, 3,000만 원일 경우 975만 원을 근로
소득공제에서 기본적으로 빼준다. 따라서 연봉이 2,000만 원 이상
이라면 대략 825만 원 이상은 기본적으로 공제로 빼주니까 과세 대
상 소득이 그만큼 준다고 생각하면 된다. 연소득이 커질수록 근로
소득공제도 커진다.

여기서 중요한 내용이 있다. 연봉이 2,000만 원이라면 기본적으로
825만 원을 소득에서 빼주니까 과세표준은 1,175만 원이 되어 적용
세율이 16.5%가 아니라 6.6%가 된다는 점이다. 여기에 추가로 '본
인기본공제'라는 명목으로 150만 원을 또 공제해주고, 결혼을 했다
면 배우자공제(단, 연소득이 종합소득세 신고 기준 연 100만 원 이하, 근

로소득만 있는 경우 총급여 500만 원 이하일 경우), 자녀가 있다면 자녀 공제 등 부양가족들을 추가로 공제해준다.

이런 식으로 부모님이나 배우자의 부모님 등 인적공제(본인과 부양가족을 과세 대상에서 빼주는 것)를 많이 받게 되면, 다른 공제 관련 금액 등이 없더라도 과세 대상 소득이 줄어들어 최종적인 과세표준 금액(과세대상금액)은 생각보다 많이 줄게 된다. 만약 결혼을 했고 연봉이 3,000만 원 정도인데, 배우자와 자녀가 있고 부모님을 부양하고 있다면 여러 가지 인적공제 덕분에 과세표준금액이 많이 줄어든다. 이런 이유로 부양가족이 많은 경우 연말정산 때 환급을 두둑히 받는 사람들이 많다. 안타깝게도 최근 정부가 세제를 개편해 공제금액을 줄이거나 공제항목을 줄인 관계로 많은 금액을 환급받는 일은 해가 갈수록 줄어들 것으로 예상되며, 오히려 돈을 추가로 더 내야 하는 사례가 늘 것으로 우려된다.

● 인적공제가 가장 크다

반면 미혼들은 본인에 대해 적용되는 인적공제(근로소득공제, 기본공제)만을 적용받기 때문에 공제금액이 크지 않다. 이럴 경우 만 60세 이상이면서 실제 연소득이 종합소득세 신고 기준 100만 원 이하(근로소득만 있다면 세전 500만 원 이하)인 부모님이나 만 20세 미만인 형제자매가 있다면 이들을 부양가족에 포함시키고 인적공제를 받을 수가 있다. 단, 부양가족 중 만 20세 이하나 장애인인 형제자매의 경우, 주민등록상 주소에 함께 거주하고 있어야 공제가 가능하다. 이렇게 인적공제를 잘 활용하면 과세 대상 소득이 줄어드는 효과가 발생한다.

소득공제를 받기 위해 가입하는 금융상품이나 신용카드는 공제에 있어 빙산의 일각일 수 있다. 세금을 돌려받기 위해서 이보다 먼저 챙겨야 할 것들이 많기 때문이다. 특히 인적공제 항목들은 연말정산의 기본 중의 기본이다. 인적공제부터 잘 챙긴 후에 다른 공제 항목들을 챙기는 게 올바른 순서다.

♣ 근로소득공제

근로소득공제는 월급쟁이라면 기본적으로 누구나 공제해주는 항목이며, 공제항목 중에 가장 큰 금액을 차지한다. 급여 수준에 따라 공제금액은 다음 표(249페이지)와 같이 달라지는데, 연봉이 1,500만 원일 경우 750만 원을 기본적으로 공제해주고, 연봉이 2,000만 원일 경우 825만 원이 공제되니까 웬만한 회사원들이라면 연봉 중에서 750~825만 원 정도는 과세 대상에서 제외된다.

♣ 기타 공제항목

기본공제는 근로소득자 본인에 대해서 기본적으로 150만 원이 공제

⇨ **소득에 따른 근로소득공제액**

연소득	기본소득공제액
500만 원 이하	총급여액 x 70%
500만 원 초과 ~ 1,500만 원 이하	350만 원 + (총급여액 − 500만 원) x 40%
1,500만 원 초과 ~ 4,500만 원 이하	750만 원 + (총급여액 − 1,500만 원) x 15%
4,500만 원 초과 ~ 1억 원 이하	1,200만 원 + (총급여액 − 4,500만 원) x 5%
1억 원 초과	1,475만 원 + (총급여액 − 1억 원) x 2%

되는 것을 의미한다. 미혼이라도 앞서 언급한 근로소득공제와 기본 공제는 무조건 소득금액에서 빼준다고 이해하면 된다.

배우자공제는, 연간소득금액 합계가 100만 원 이하인 배우자에 대해 150만 원을 공제해준다. 여기서 연간소득 100만 원의 의미는, 연소득 자체를 의미하는 것이 아니라 소득에서 비용이나 앞서 설명한 근로소득공제를 뺀 종합소득세 신고 기준 연 100만 원 이하를 말한다. 근로소득만 있는 경우 총급여 500만 원 이하이면 여기에 해당된다.

부양가족공제는, 나와 생계를 같이 하는 연간소득금액 합계액 100만 원(근로소득만 있을 경우 연소득 500만 원) 이하인 부양가족이 있으면, 1명당 150만 원씩 공제를 받을 수 있다. 여기에는 배우자는 물론이고 만 60세 이상의 부모(배우자 부모 포함)와 만 20세 이하의 자녀가 포함된다. 또한 만 20세 이하 또는 60세 이상의 형제자매(배우자 형제자매 포함)도 해당된다.

장애인공제(200만 원), 부모님 나이가 70세 이상인 경우 경로우대 공제(추가로 100만 원), 자녀가 2명을 초과할 경우 2명 초과 시 1인당 20만 원씩 세액공제(2명 이하는 1명당 15만 원)를 해주는 것 등이 인적공제에 해당한다. 여러 가지 공제항목이 있지만 인적공제가 가장 기본이 되면서 큰 비중을 차지하는 만큼, 인적공제에 대해 대략적인 개념을 잡고 있어야 한 푼이라도 세금을 더 많이 돌려받을 수 있다.

"연말정산 때 도움이 되는 절세 금융상품들"

보장성보험

연간 100만 원 한도로 세액공제(세금에서 빼주는 것)가 된다. 보장성보험에는 자동차보험, 종신보험, 실손의료비보험 등이 해당된다.

주택청약종합저축

총급여 7,000만 원 이하인 무주택 근로자가 주택청약종합저축에 불입한 금액은 연간 240만 원까지 소득공제를 받을 수 있다. 공제금액은 불입금액의 40%로 최대한도인 240만 원까지 불입하면 연말정산 때 96만 원을 소득공제받을 수 있다.

단, 아래 4가지 조건을 모두 만족해야 한다

1) 총급여 7,000만 원 이하인 근로자
2) 과세연도 중 무주택자
3) 12.31일 현재 세대주
4) 소득공제 적용 과세기간의 다음연도 2월말까지 가입한 은행에 무주택확인서와 주민등록등본을 제출할 것

* 무주택 조건 : 배우자와 주민등록등본상 동거자(배우자, 자녀, 부모님, 배우자 부모님 등)를 포함한 세대원이 모두 무주택자여야 함.

*주의점 : 5년 이내 해지하거나 국민주택규모 초과 주택에 당첨되면 연간 불입액의 6.6%(지방세 포함) 또는 실제 감면받은 세액을 추징당함.

연금저축과 IRP (자세한 내용은 10장 참조)

연금저축과 퇴직연금 DC형(확정기여형)이나 IRP(개인형퇴직연금)에 불입한 금액은 연금저축 연 400만 원(단, 연간 근로소득 1억 2000만 원 이상은 연 300만 원 한도), 퇴직연금 연 700만 원, 연금저축과 퇴직연금을 합해 연 700만 원까지 공제 대상에 포함된다.

총급여에 따라 5,500만 원 이하면 지방소득세 포함 16.5%, 5,500만 원 초과면 13.2%를 세액공제받을 수 있다.

* 주의점 : 중도해지 시 적립금의 16.5%를 추징당함(세액공제를 받았을 경우에만 해당됨).

13장

디지털자산은
우리의 삶을 어떻게 바꿀까?

← 찢어진 가방

띠프, 띠프, 스톨른 !
마이 월렛! 오마이갓

...

Moo Soon ieel?
(헤이, 지미.
무슨 일이야)

Mola... don ee
upnaboea.
(몰라, 돈이 없나 봐)

Moojeon
chooisik?
(무전취식?)

Seen-go?
(신고
할까?)

사———아

← 말은 못 하지만
알아는 듣는다.

웨이어
모먼트
플리즈

친구야,
나 급해.

지갑을 잃어버려서
지금 무전취식으로 잡혀가게
생겼어. 내 계좌로
돈 좀 넣어줄 수 있어?

웬 국제
전화?
너 돈 많구나.

해외에서 난처한 상황에 빠진 올리브를 비트코인이 구했다. 스마트폰만 있다면 전 세계 어디서든 은행이나 중개인 없이 서로 주고받을 수 있는 블록체인 기술 때문이다. 블록체인 기술이 탑재된 비트코인은 국경을 넘어가는 거래(cross-border transaction)에서 막강한 힘을 발휘한다. 조만간 해외여행을 갈 때 환전 대신 스마트폰에 디지털자산만 넣고 가면 될까? "하늘 아래 영원한 화폐 없다."는 말이 있다. 스마트폰이 바꾼 세상, 과연 지불·결제수단은 어떻게 변화할지 궁금해진다. 비트코인 때문에 세상에 알려진 블록체인, 그리고 디지털자산에 대해 살펴보자.

● 중앙형 시스템에서 분산형 시스템으로

인류의 발전에 가장 큰 영향을 미친 건 무엇일까? 《사피엔스》의 저자 유발 하라리는 '기술의 발전'을 꼽았다. 비트코인이 세상에 널리 알린 블록체인 기술은 우리의 삶에 어떤 변화를 가져올까?

오래전 라디오가 세상에 처음 소개되었을 때, 사람들은 라디오 속에 실제로 사람이 들어가 있는 줄 알았다고 한다. 그만큼 라디오는 당시에 신기한 물건이었다. 라디오 이후에 나온 TV는 더욱 신기

했다. 소리뿐 아니라 화면도 볼 수 있었으니까 말이다. 사람들은 TV에 열광했다. TV를 통해 세상 돌아가는 소식을 듣고, 스포츠를 보고, 드라마를 봤다. 하루 종일 TV를 보는 사람들이 많았는데, 공부 안 하고 TV만 보는 아이들에게 부모들은 TV를 많이 보면 바보가 된다고 겁을 주기도 했다. 사람들의 마음을 사로잡은 TV는 오랜 기간 세상을 지배했다. 당시 공중파 채널인 KBS, MBC, SBS는 지금과는 비교할 수 없을 정도로 큰 영향력을 발휘했다.

그러다 인터넷이 생기면서 TV의 울타리 안에 있던 우리의 삶이 변하기 시작했다. TV만 보던 사람들이 인터넷이 연결된 컴퓨터 앞에서 보내는 시간이 늘어났고, 인터넷으로 세계정세를 살펴보고, 영화, 게임, 스포츠를 접하게 되었다. TV에서 인터넷으로 조금씩 이동하던 삶의 패턴은, 스마트폰이 출시되면서 빠르게 스마트폰으로 이동했다. 이제 사람들은 TV나 컴퓨터보다 스마트폰을 들여다보면서 더 많은 시간을 보낸다.

불과 10여 년 만에 스마트폰은 우리의 삶을 획기적으로 바꾸었다. 컴퓨터에 있던 거의 모든 것이 스마트폰으로 옮겨왔다. 이제 스마트폰이 없으면 살기 힘든 세상이 되었다. 특히 젊은 세대들에겐 더욱 그렇다. TV 시대에서 인터넷 시대(정확히는 모바일 인터넷 시대)로의 이동은 무엇을 의미할까? 이는 중앙형 시대에서 분산형 시대로의 변화를 의미한다.

라디오와 TV 시대에는 방송국의 역할이 절대적이었다. 방송국이라는 중앙 콘트롤타워에서 모든 것이 이루어지는 중앙형이었다. 반면 인터넷과 스마트폰 시대에는 개인이 만드는 콘텐츠가 중심에 있다. 유튜브로 대표되는 개인방송이 대표적인 사례다. 수많은 개인이 주인공이 되고, 개인 간 직접 소통하는 분산형 방식이다. 인터넷과 스마트폰이 개인의 영향력이 커지는 세상을 만든 것이다. 인기 유튜버들이 자신의 쇼핑몰을 통해 판매하는 물건들이 크게 히트하고, 인스타그램에 소개된 장소가 명소가 되고 있다. 경제도 비즈니스도 중간 개입자(유통업자나 중개상) 없이 바로 개인 간 거래가 이루어지는 분산형 시스템으로 빠르게 진화하고 있다.

이렇게 기술의 발전이 기존의 경제 패턴을 중앙형에서 분산형으로 바꾸고 있지만, 여전히 중앙형이 유지되는 것이 있다. 바로 지불과 결제의 수단이다. 물건을 사고 결제할 때, 우리가 이용하는 지불수단은 법정화폐라는 정부가 발행한 돈이다. 즉 지불과 결제의 수단은 여전히 중앙형이 유지되고 있다. 스마트폰이 주도하는 분산형 경제에서 현재의 중앙집중화된 지불·결제 시스템 역시 진화해 나가지 않을까?

● 포노사피엔스 시대와 디지털자산

여러분들은 '포노사피엔스'다. 포노사피엔스란 스마트폰을 뜻하는 라틴어 '포노'와 인류의 조상인 '호모 사피엔스'를 조합한 용어이다. 즉, 스마트폰을 생활의 일부 혹은 자기 신체의 일부처럼 사용하는 신인류를 일컫는다.

스스로에게 물어보자. 모든 것이 디지털화되어가고 있고 스마트폰을 중심으로 삶이 바뀌고 있는데, 왜 지불·결제수단은 예전 것을 그대로 사용해야 하는지. 미국에 있는 찰리, 사우디에 있는 압둘라에게 송금할 때 왜 번거롭게 환전을 하고, 비싼 수수료를 내면서도 시간마저 오래 걸려야 하는지.

스마트폰 등장 후 우리의 삶은 스마트폰을 중심으로 이루어지고 있다. 오프라인에서 이루어지는 만남보다도 가상의 만남인 소셜미디어(SNS)에서의 의사소통 비중이 커지고 있다. 스마트폰은 전 세계 사람들을 연결해준다. 그렇다면 전 세계인을 스마트폰으로 연결해주는 세상에서는 그에 맞는 지불·결제시스템과 뱅킹시스템이 필요하다. 그런데 한 나라에서만 통용되는 법정화폐가 이런 일을 대신할 수는 없다. 환전 없이 전 세계인이 편리하게 스마트폰으로 이용할 수 있는 지불·결제수단이 있으면 좋지 않을까? 그런 용도로 가장 적합한 것이 비트코인과 같은 암호자산이다.

그렇다면 이유는 뭘까? 왜 비트코인과 암호자산이 전 세계인의 지불·결제수단이 될 수 있을까? 최근 들어 우리가 자주 듣던 '블록체인 기술' 때문이다. 그러면 블록체인 기술에 대해 간단히 알아보자.

| 암호자산과 디지털자산 |

비트코인은 **암호자산**의 한 종류다. 암호자산은 영어로 '크립토 애셋(crypto asset)'이라고 부른다. 암호를 뜻하는 crypto와 자산을 뜻하는 asset이 합쳐진 말이다. 가상화폐, 암호화폐, 암호자산, 디지털화폐 등 다양한 말로 불리지만, 화폐라기보다는 자산의 성격이 강하다는 점, 그리고 가상(Virtual)보다는 암호화 기술의 취지를 살려서 암호자산으로 부르는 게 적합하다. 2019년 6월 일본 오사카에서 열린 G20 정상회의에서 암호화폐 명칭을 '암호자산'으로 통일하기로 하는 등 국제적인 흐름도 가상화폐보다는 '암호자산'으로 정착되고 있다. 따라서 비트코인을 단순히 가상화폐 또는 전자화폐로 부르는 것은 잘못된 표현이다. 비트코인이 가지고 있는 암호화된 보안기술을 적절히 표현해주지 못하기 때문이다. 단, 다양한 **디지털자산** 중에 암호자산이 포함되므로 비트코인을 디지털자산이라고 부르는 건 무방하다.

지난 G20 정상회의에서 암호화폐를 포함한 디지털자산에 대한 각국의 공동 대응 방안이 논의됐다. 주요 외신에 따르면, 공동성명인 '오사카 선언'에는 암호자산에 대한 국제 규제안에 국제자금세탁방지기구(FATF) 권고안을 적극 수용하겠다는 내용이 포함됐다.

디지털자산은, 하드디스크, SSD와 같은 기억장치에 저장될 수 있는 사진, 음원과 같은 저작물과 비트코인과 같은 암호자산 등의 전산화되어 존재하는 모든 종류의 자산을 말한다.

(나무위키 용어사전 참조)

⇨ 블록체인(Block-Chain)이란?

- 블록(Block) : 특정한 시간 동안 거래된 거래내역과 관련 정보들을 묶어서 하나의 파일로 만든 것.

- 체인(Chain) : 서로 연결되어 있는 파일들의 묶음. 블록을 잇달아 연결한 묶음.

- 블록체인 : 특정한 시간 동안 거래된 거래내역과 관련 정보들이 담긴 파일들의 묶음. '분산거래장부'라고도 부른다. 블록체인의 핵심개념은 분산, 공

유, 투명이다. 비트코인 네트워크상의 참여자들(실제로는 컴퓨터)이 모든 거래 내용을 투명하게 공유하고, 각각 분산해서 저장한다. 이런 이유로 블록체인에 기록된 내용들은 위조가 (거의) 불가능하다.

⇨ 블록체인의 특징

- 분산 : 거래내역이 한 곳에 집중되지 않고 모든 참여자들에게 분산된다.
- 투명 : 참여한 모든 사람들에게 거래내역이 공개된다. (사생활 침범이라는 단점은 극복할 과제이다.)
- 공유 : 블록체인 네트워크상에서 참여자(컴퓨터)들이 거래내역을 공유한다.

● 이메일과 비교

블록체인 기술의 원리를 이해하기 위해 이메일과 비트코인을 비교해보자. 이메일이 보편화되기 전, 우리는 편지나 소포를 보내기 위해 우체국에 갔다. 물론 지금도 우리는 우편물을 보내기 위해 우체국에 간다. 하지만 대부분의 단순한 편지는 이메일로 처리한다. 이메일은 국내간 거래에도 유용하지만 특히 국경을 넘어가는 비즈니스에 획기적인 편리함을 가져다주었다. 이메일이 가져다준 편리함이 지불과 결제수단에도 적용될 수 있다.

이메일과 비트코인은 전 세계인이 편리하게 주고받으면서 사용할 수 있다는 공통점이 있지만, 굉장히 큰 차이점이 있다. 그 차이점은 바로 이메일은 원본이 아닌 복사본이 가지만, 비트코인은 원본이 간다는 점이다.

이메일은 본문이든, 첨부파일이든 원본은 내 컴퓨터에 남고, 똑같은 복사본이 상대방에게 전달된다. 예를 들어 한국에 있는 철수가 미국에 있는 찰리에게 이메일을 보내면, 미국의 찰리는 이메일이 복사본이든 진본이든 상관없다. 내용만 확인하면 되기 때문이다. 하지만 지불과 결제를 할 때는 사정이 달라진다. 복사본이 아닌 진본, 즉 위조화폐가 아닌 진짜 화폐를 주고받아야 한다. 만약 이메일과 같은 원리라면, 한국에 있는 철수가 미국의 찰리에게 비트코인을 보냈다고 가정할 때, 미국의 찰리는 이런 생각을 할 수 있다.

'한국의 철수가 보낸 비트코인, 이거 진짜 맞나? 혹시 진짜는 자기가 갖고 복사한 짝퉁을 보낸 건 아닐까? 은행에 가서 확인해봐야 하나?'라고 말이다.

하지만 미국의 찰리는 이런 걱정을 할 필요가 없다. 비트코인을 주고받을 때는 원본이 네트워크상의 거래내역과 함께 전달되기 때문이다. 비트코인은 통화(currency)와 지불시스템(payment system)이 함께 이동하는, 지금껏 존재하지 않았던 획기적인 지불·결제수단이다.

즉, 비트코인 네트워크의 기록이 당신이 가진 비트코인이 진짜라는 걸 증명한다. 그리고 송금이 발생하면 해당 거래내역을 바로 비트코인 네트워크에서 확인할 수 있다. 찰리가 철수에게 "철수야, 조금 전에 보냈다고 했는데, 1) 정말 보냈어? 받은 건 확인했는데, 네가 보낸 비트코인 이거 2) 진품인 거 맞아?"라고 물어볼 필요가 없다. 1)번 보냈다는 사실과 2)번 진품이라는 사실이 자동으로 한꺼번에 증명된다.

반대로 비트코인을 보낸 철수는 찰리가 받았는데, 안 받았다고 시치미를 떼는지 걱정하지 않아도 된다. 철수도 비트코인을 보낸 다음 송금내역(철수가 찰리에게 보냈고, 찰리가 받았다는 내역)을 비트코인 네트워크에서 확인할 수 있기 때문이다.

블록체인 기술이 탑재된 비트코인 네트워크에는 거래시간, 보낸자와 받는자(소유자 변경)를 포함한 거래기록이 남는다. 그리고 이

거래기록은 네트워크의 모든 참여자(컴퓨터)가 원본으로 공유·보관한다. 한국의 철수가 미국의 찰리에게 비트코인을 보낸 내역이 위조가 불가능한 블록체인상에 기록되어 있기 때문에, 미국의 찰리나 한국의 철수 모두 서로가 주고받는 내용에 대해 걱정하지 않아도 되는 것이다. 마치 비트코인 실물(암호자산은 실물이 존재하지 않고 인터넷상(네크워크상)에 거래기록만 남는다. 이 거래기록으로 실제 주인이 누구인지 알 수 있다.)이 전산상으로 한국의 철수로부터 미국의 찰리에게 이동하는 것과 같은 효과다.

이게 블록체인 기술이고, 블록체인의 힘이다. 이런 점 때문에 전 세계의 많은 사람들이 비트코인을 지지해왔고, 비트코인이 사라지기는커녕 가치가 꾸준히 오를 수 있었다. 블록체인 기술은 비트코인과 같은 암호자산 외에 다양한 용도로 사용된다. 블록체인 기술을 활용해 농산물 또는 축산물의 생산부터 유통단계까지를 소비자가 투명하게 검증할 수 있고, 명품이나 귀금속 등 위변조가 우려되는 산업군이나 자율주행 등 다양한 분야에 적용되어 사용될 수 있다.

비트코인이나 암호자산을 국제간 거래에 활용해보면 이런 혁신을 직접 경험할 수 있다. 암호자산은 종류에 따라 다르지만, 상대방이 어디에 있든 인터넷만 연결되어 있다면 빠른 시간 안에 주고받을 수 있다. (암호자산마다 송금 후 받는 시간은 다르다. 비트코인은 일반적으로 10분~1시간 이내, 리플의 경우 불과 몇 초 이내에 수신과 확인이 가능하다.)

이런 이유로 암호자산이 가지고 올 혁신에 주목해야 한다. 블록체인이 실생활에 적용된 첫 번째 결과물이, 2009년 1월 3일 첫 블록(Genesis Block)이 생성되며 탄생한 비트코인이다. 은행 거래에서처럼 돈을 전산상의 숫자로만 주고받는 것이 아닌, 원본을 주고받는 기술, 위조가 불가능해서 모르는 제3자끼리 믿고 거래할 수 있게 해주는 기술, 이게 바로 블록체인 기술이고, 이를 활용한 첫 번째 암호자산이 비트코인이다. 인터넷상에서 태어났고, 인터넷상에서 검증되고 발전된 진정한 디지털자산이 비트코인인 것이다. 하지만 비트코인과 암호자산은 아직 보완할 게 많고 실생활에서 적용되는 사례가 계속해서 나와야 한다. 포노사피엔스 시대에 블록체인과 암호자산이 우리의 삶에 긍정적인 영향을 미치기를 기대해본다.

14장

디지털자산 투자,
과연 기회의 땅일까?

금융의 역사를 되돌아보면 새로운 제도나 상품이 탄생할 때 커다란 버블이 생기곤 했다. 17세기 네덜란드에서 세계 최초의 증권거래소가 생겼을 때, 주식시장에 엄청난 버블이 있었다. 인터넷 상용이 기폭제가 되었던 1998년에는 나스닥 시장에 '닷컴버블'이 발생했다. 당시 우리나라에서도 IT기업들을 중심으로 코스닥시장에 커다란 거품 발생 이후 거품 붕괴가 일어났다. 버블이 발생할 때는 누구나 쉽게 돈을 벌 수 있을 것처럼 보인다. 블록체인 기술을 등에 업은 비트코인과 암호자산 시장 역시 마찬가지다. 귀가 얇은 진이 비트코인 시장을 외면할 리 없다. 하지만 고수익 시장은 언제든 큰 손실이 발생하게 마련이다. 고수익 뒤에 숨은 고위험을 살펴보자.

● 비트코인의 탄생과 투자

"비트코인은 폰지사기(신규 투자자의 돈으로 기존 투자자에게 이자나 배당금을 지급하는 방식의 다단계 금융사기를 일컫는 말로, 1920년대 미국에서 찰스 폰지(Charles Ponzi)가 벌인 사기 행각에서 유래. 네이버 지식백과 참조)이다.", "비트코인에 투자하는 사람들은 투기꾼일 뿐이다." 등 오랜 기간 비트코인을 둘러싼 논쟁이 있어 왔고, 지금도 논쟁은 진행형이다.

재미있는 건 비트코인의 가격이다. 보통 사기로 판명된 것들은 잠깐 동안은 가격이 폭등하더라도 이내 가격이 0에 수렴하거나 사라진다. 많은 사람들이 비트코인도 그럴 것이라고 생각했다. 투기의 대상일 뿐이고 결국 가치는 0이 돼서 사라질 거라고 말이다. 그런데 비트코인은 여전히 건재하다. 가격도 꾸준히 상승해왔다. 물론 중간중간 폭등과 폭락을 반복해왔지만, 큰 흐름에서 보면 가격은 분명 상승세를 보여왔다. 그것도 엄청나게 큰 폭으로 올랐다.

비트코인은 미국발 금융위기로 전 세계 금융시장이 요동치던 2009년 1월 3일 세상에 모습을 드러냈다. 이후 10년이 훌쩍 지난 지금 많은 논란 속에서도 비트코인에 대한 관심은 계속해서 커지고 있다. 더 많은 사람들이 비트코인에 투자하고 있고, 비트코인을 사

Get it Money

| 비트코인 가격 변화 |

2009년 10월 12일, 비트코인이 달러를 기반으로 첫 거래가 이루어졌다. 페이팔(Paypal)을 활용해 거래가 이루어졌는데, 당시 5,050비트코인을 뉴리버티스탠다드(New Liberty Standard)에서 약 5.02달러에 구입했다. 비트코인 1개당 0.00099달러이고, 원화(달러당 환율 1,200원 가정)로는 대략 1.19원에 거래가 이루어진 셈이다. 그 이후 2018년 초 2만 달러까지 상승했으니까 10년도 안 돼 무려 2000만 배 상승했고, 2020년 1월 1일 가격 7,225달러 대비 대략 730만 배 상승했다. 물론 비트코인 가격은 매일 변동하기 때문에 앞으로 가격이 어떻게 변할지 모른다. 하지만 10년이 훌쩍 지난 현재까지도 초창기 가격 대비 굉장히 높은 가격에 거래되고 있다는 건 시사하는 바가 크다.

용할 수 있는 곳도 계속 늘어나고 있다. 그래도 여전히 많은 사람들은 비트코인을 인정하지 않고 있다. 그 이유가 뭘까?

오랜 기간 인류가 투자를 해왔던 대상들은 실체가 있었다. 금, 은, 보석, 주식(기업이라는 실체), 채권(돈을 빌렸다는 증서), 원유, 부동산 등등 모두 실체가 있었다. 투자 대상을 눈으로 보거나 분석할 수 있어서 감각적으로 투자를 할지 말지 결정하기도 쉬웠다. 하지만 비트코인은 달랐다. 일단 눈에 보이지 않는다. 암호화된 채 네트워크상에만 존재한다. 감각적으로 느끼지 못하다 보니 이해하기도 쉽지 않고 사기라고 치부하기도 쉽다.

그런데 우리는 페이스북, 인스타그램에는 열광한다. 페이스북이나 인스타그램 같은 소셜미디어는 실체가 있는 걸까? 물론 스마트폰으로 보고 확인할 수 있다. 하지만 냉정하게 보면 실체가 없는 가상의 세계일 뿐이다. 비트코인과 암호자산도 스마트폰과 컴퓨터에서 보유자산의 잔고내역을 확인할 수 있다. 코드화되어 있고 네트워크상에서 움직이지만, 스마트폰에서 확인할 수 있다면 엄연히 존재가 증명된다고 볼 수 있다. 비트코인은 예전에 없던 블록체인 기술이 탑재된 최초의 암호화된 디지털자산이자, 디지털상에 존재하는 대표적인 디지털자산으로 자리를 잡아가고 있다.

역사적으로 보면 시대 흐름에 맞는 자산들이 주목받고 발전하고, 이전에 인기 있던 자산들은 쇠퇴하는 과정이 반복되어왔다. 본격적으로 펼쳐질 디지털 시대에는 그에 걸맞은 자산이 탄생하고 발전할 것이다. 디지털자산 시대의 첫 투자 대상은 비트코인이었고, 이후 수많은 암호자산들이 생겨났고 앞으로도 생겨날 것이다. 1602년 네덜란드 암스테르담 증권거래소에서 최초의 주식거래가 시작된 이후 주식시장은 수많은 부작용 속에서도 발전해왔다. 마찬가지로 이제는 디지털자산들이 시대 흐름에 맞게 발전할 것이고, 주식이나 채권 등 수많은 자산들이 토큰화(디지털자산화)될 것으로 예상된다. 그리고 중개자(금융회사) 없이 개인 간에 디지털자산을 사고파는 시대가 열릴 것이다. 이제는 투자의 관점으로 암호자산을 바라봐야 한다.

● 투자의 관점에서 본 비트코인과 암호자산

비트코인과 암호자산들은 가격 변동성이 매우 크다. 하루 만에 2배 이상 폭등하기도 하고, 하루 만에 산 가격의 절반 이하로 폭락하기도 한다. 이런 큰 가격 변동성 때문에 많은 사람들이 암호자산을 투자가 아닌 투기 대상으로 폄하하기도 한다. 하지만 이런 큰 변동성은 '위기'라는 단어처럼 양면성을 가진다. 관점에 따라 삶을 바라보는 태도는 크게 달라진다. 위기라는 단어를 보고 불안한 면만 생각한다면 '기회'라는 희망을 놓치게 되듯, 변동성이라는 단어도 마찬가지다. 변동성이라는 단어를 보고 하락하는 것만 생각한다면 큰

| 비트코인의 가격 변동성이 큰 이유 |

비트코인과 암호자산은 가격 변동성이 매우 크다. 주식시장이나 채권시장에 비해 시장 규모가 작다 보니 상대적으로 적은 물량의 매수나 매도세로 인해 가격이 크게 하락하거나 상승하는 경향이 있다. 큰돈을 운용하는 기관투자가들의 비중이 적고, 개인투자자의 비중이 높다 보니 심리적인 이유로 급등락이 발생하기도 한다. 예를 들어 일부 작전 세력들이 악의적으로 시장에 안 좋은 소식을 퍼뜨려 가격을 하락시키거나 반대로 확인되지 않은 루머를 퍼뜨려 가격을 상승시키는 식이다.

비트코인 선물시장의 영향도 많이 받는다. 미국 상품거래소와 Bakkt 같은 비트코인 거래소 등을 통해 이루어지는 선물거래는 비트코인 가격에 큰 영향을 준다. 선물시장은 현물시장에 비해 투기적인 요소가 더 강한데, 일부 투기적인 매매로 비트코인 가격이 크게 변동하기도 한다.

암호자산 시장이 아직은 성숙하지 못한 시장이기에 가격 변동성이 큰 건 사실이다. 하지만 기관투자자들의 참여가 늘어나고 실생활에서 암호자산의 사용이 늘어나서 저변이 확대되면 가격 변동성은 조금씩 줄어들 것으로 기대한다. 애플, 구글, 아마존 등 IT기업들이 처음 주식시장에 상장되었을 때도 비트코인처럼 가격 변동성이 컸었다. 하지만 이들 기업이 성장하고 실적이 뒷받침되면서 주식가격도 안정화되었다. 비트코인도 이런 초기 IT기업 주식의 흐름과 비슷해질 가능성이 크다.

폭의 상승이라는 기회도 놓치게 된다.

변동성이 크다는 건 그만큼 큰 수익을 볼 수도 있다는 의미다. 반대로 큰 손실을 볼 가능성도 크다. 즉, 어떻게 투자하느냐에 따라 약이 될 수도, 독이 될 수도 있다. 변동성이 큰 걸 싫어하는 성향이라면 절대로 암호자산에 투자하면 안 된다. 변동성이 큰 걸 싫어하는 사람들은 큰 수익도, 손실도 기대하지 않는다. 이런 성향이라면 안전한 예금이나 적금, 혹은 우량한 등급의 채권에 투자해야 한다. 안전하고 마음 편한 자산을 좋아하는 것은 투자 성향의 문제이지 좋고 나쁨의 문제는 아니다. 하지만 투자에서 위험이 수반되지 않는 보상은 없다. 역사적으로 변동성이 심한 자산일수록 높은 수익을 가져다주었다. 지금은 널리 알려진 아마존, 구글, 넷플릭스, 페이스북, 트위터 주식도 상장 초창기에는 비트코인 못지않은 변동성을 보였었다. 이후 안정적인 성장기에 접어들자 이들 주식의 변동성은 줄어들었다. 비트코인의 변동성을 감안하면 비트코인은 여전히 성장 초기 자산의 특징을 보여주고 있다.

⇨ 〈사례〉

200만 원 투자 → 50억 원 가능했던 사연

2019년 한 세미나에서 60대 투자자인 이명렬 씨(가명)를 만난 적이 있다. 이 씨는 2014년 '리플'이라는 암호자산에 개당 2원에 100만 개, 총 200만 원을 투자했다. 그런데 3년이 지난 2018년 초 리플의 가격은 개당 5,000원을 넘어섰다. 4년도 안 돼서 투자원금 200만 원이 무려 50억 원을 넘어선 것이다. 당시 암호자산의 맏형격인 비트코인 가격은 원화 기준 2,500만 원을 넘어서기도 했다. 이후 비트코인 가격 폭락과 함께 리플의 가격은, 2019년 이 씨를 만났을 무렵에는 300원 선에서 거래되고 있었다. 이씨는 당시에도 여전히 리플을 보유하고 있었다. '2018년 초에 팔지 못한 게 후회되는지, 그리고 가격 변동성이 큰 암호자산을 어떻게 오랜 기간 투자할 수 있었는지'가 궁금했다. 이 씨는 "지나고 보니 비쌀 때 못 판 게 물론 아쉽다. 하지만 후회도 없다. 언젠가 다시 오를 날도 올 거라 생각한다. 많은 돈을 투자하지 않았고, 잃어도 문제없을 정도만 투자해서 마음 편하게 보유하고 있다."라고 말했다.

주변의 많은 사람들이 꼭지에 못 판 걸 함께 아쉬워했다고 한다. 하지만 이씨는 '투자원금 대비 지금도 100배가 넘는 수익'이라며, 크게 연연해하지 않는 모습이었다.

이 씨의 이야기를 듣고, 이런 생각을 할 수 있다. '만약 200만 원이 아니라 2000만 원을 투자했다면, 50억 원이 아니라 500억 원을 만들 수도 있었는데……'라고.

하지만 이 씨가 200만 원이 아닌 2,000만 원을 투자했다면 실제로 그렇게 오랫동안 마음 편하게 투자할 수 있었을까? 이 씨는 잃어도 괜찮을 만큼의 돈만 투자했기 때문에 오랜 기간 보유할 수 있었다. 만약 큰돈을 투자했다면 매일 매일 변동하는 시세에 마음 졸이며 샀다 팔았다를 반복하면서 손해를 봤을 가능성이 크다.

➡️ 이 씨를 통해 배우는 투자법

- 변동성이 큰 암호자산은 잃어도 될 만한 금액으로 장기투자해야 한다.
- 이 씨처럼 큰돈을 번 사례는 많지 않다. 오히려 단기간에 많은 돈을 벌려는 욕심으로 암호자산에 투자해 큰돈을 잃은 사람들이 훨씬 더 많다.

암호자산 투자로 큰돈을 잃은 사연

2018년 초 비트코인이 최고점을 찍었을 당시 약 18억 원의 암호자산을 보유

했던 박선영 씨(가명)는 불과 1년 뒤인 2019년 초에 암호자산 가치 폭락으

로 거의 모든 자산을 잃고 힘들게 생활하고 있었다. 그녀는 잠도 못 잘 정도로

불면증에 시달려서 몸과 마음이 극도로 쇠약해져 있었다.

큰돈이 몇 달 안에 상당 부분 사라질 수도 있는 게 암호자산 시장
이다. 기회와 위험이 공존하는 시장에서 성공하려면 투자에 대한
공부와 함께 자신만의 투자원칙을 정해야 한다.

투자를 할 때는 본인의 성향과 자금의 성격, 투자기간 등을 모두
감안해야 한다. 이런 원칙은 가격 등락폭이 심한 암호자산 투자에
서는 더욱 엄격히 적용되어야 한다.

● 투자의 기준을 정하자

암호자산 투자 시에는 잃어도 될 만한 돈만 투자한다는 원칙을 반
드시 지켜야 한다. 잃어도 될 만한 돈의 절대적 기준은 없다. 무난한
기준은 (전체 자산이 아닌) 여유 자산의 5~10% 이내, 월 저축액의
5~10% 이내이다. 이 정도의 금액이라면 설령 투자금액이 다 사라

져도 남은 90~95%의 자산을 잘 운용해서 손실을 회복할 수 있다.

2018년 초에 비트코인을 포함한 암호자산 시장은 폭등 후 꼭지를 쳤다. 그리고 이후 2019년 초까지 약 1년 정도 엄청나게 하락했다. 2018년 1월 6일 2,661만 원(우리나라 일부 거래소에서 기록한 최고가격 기준)까지 올랐던 비트코인 가격은 400만 원 아래로 폭락(하락율 약 85%)했고, 비트코인이 아닌 다른 알트코인들의 하락률은 훨씬 더 컸다. 알트코인들은 대부분 고점 대비 90% 이상 폭락했다. 예를 들어 2018년 꼭지 때 비트코인에 1,000만 원을 투자했다면, 2019년 초에는 원금 1,000만 원이 150만 원 정도밖에 남지 않았고, 1,000만 원을 알트코인에 투자했다면 불과 50만 원~100만 원만 계좌에 남았다는 의미다.

반대로 암호자산이 폭락한 2019년 이후 투자를 했다면, 50만 원 정도의 적은 돈으로 몇 년 후 수십 배 이상의 수익을 기대해볼 수도

Get it Money

| 알트코인(Alt-Coin) |

비트코인 이외의 후발 암호자산을 칭하는 말로, 영어로 '얼터너티브 코인(Alternative Coin)'의 축약어다. 대표적인 **알트코인**으로는 이더리움, 리플, 비트코인 캐시, 이오스 등이 있다. 2020년 1월 현재 코인마켓캡(Coinmarketcap.com, 암호자산을 시가총액별로 정리해 놓은 웹사이트)에 등록된 알트코인 수는 약 5,000개에 이른다. 하지만 코인마켓캡에 등록 안 된 코인들까지 합치면 이보다 훨씬 많을 것으로 예상되며, 정상적인 개발업무를 하지 않는 이른바 스캠코인(사기성 코인)들도 많아서 알트코인 투자에 매우 유의해야 한다.

있다. 이런 투기적인 요소가 작용하는 게 암호자산 시장이다.

♣ 투자 시 꼭 알아야 할 특징

주식시장은 물론이고 금이나 은, 원유 등이 거래되는 상품시장, 그리고 부동산시장 등 가격이 변동하는 투자시장에서 성공 확률을 높이려면, 가격 상승의 패턴을 이해하는 것이 매우 중요하다.

투자시장에서의 가격 상승은 조금씩, 꾸준히 이루어지지 않는다. 대부분의 경우 한동안 가격 상승이 이루어지지 않다가 비교적 짧은 시간에 매우 큰 폭의 상승을 하곤 한다. 예를 들어 주식시장이 1년 동안 12%가 상승했다면, 매월 평균 1%포인트씩(예를 들어 1월에 1%포인트, 2월에 1%포인트 … 씩 상승하는 패턴) 상승하는 것이 아니다. 10달 이상 제자리걸음 또는 하락과 상승을 반복하는 지루한 과정을 거치다 불과 1~2달 동안 12%의 상승이 순식간에 이루어진다.

따라서 1년의 투자기간 중 큰 폭으로 상승한 1~2달 간 주식을 보유하고 있지 않는다면, 수익은커녕 손실을 보는 경우가 많다. 지난 2013년~2019년 간의 비트코인 가격 추이에서도 이런 패턴을 볼 수 있었다. 비트코인의 경우 1년 동안 가장 큰 수익은 10일간 굵고 짧게 나타났다. 만약 1년 중 큰 수익이 났던 10일을 놓쳤다면 수익률은 어찌 되었을까?

1년 중 가장 많이 올랐던 10일 동안의 상승기간을 놓칠 경우, 비트코인 가격은 연평균 25% 하락한 것으로 나타났다. 즉 1년 동안 가장 큰 상승은 불과 10일간에 발생했다는 의미다. 비트코인에 투자한다면 매일 변동하는 시세를 무시하고 진득하게 버텨야 성공할 수 있다. 하지만 많은 사람들이 이렇게 진득하게 투자하지 못한다. 그래서 비트코인 투자로 큰돈을 번 사람보다는 큰돈을 잃은 사람들이 더 많다. 매일 카톡방이나 텔레그램 투자방에서 차트 이야기하면서 샀다 팔았다 해봤자 성공하기 힘든 게 비트코인 투자다.

비트코인 투자 역시 장기투자하되, 오랜 지루함을 이겨내야 성공할 수 있다. 투자는 그만큼 어렵다. 길고 지루한 시간을 버티려면 앞서 소개한 사례의 이 씨처럼 잃어도 괜찮은 돈을 투자하되, 매일 매일의 가격 변동에 신경 써서는 안 된다. 소액을 마음 편히 장기투자하고, 생업에 종사하는 것이 성공의 지름길이다.

♣ 알트코인보다는 비트코인이 안전

암호자산에 투자한다면 아직까지는 비트코인이 가장 안전하고 편안한 투자 대상이다. 블록체인 기술이 탑재된 최초의 암호자산이다 보니 전 세계적으로 가장 널리 알려져 있고, 사용할 수 있는 곳도 많고, 선호도도 가장 높다. 발행 가능한 숫자도 2,100만 개로 다른 암호자산보다 훨씬 적다. 참고로 대표적인 알트코인인 이더리움의 발행량은 1억 개가 조금 넘고, 리플의 경우 최대 1,000억 개까지 발행할 수 있다.

기술의 경우 오래 살아남을수록 곧 사라질 가능성이 적다. 암호자산 중 가장 오래된 비트코인은 하드웨어, 소프트웨어 개발자, 사용자와 커뮤니티 등 튼튼한 생태계를 만들어 놓았다. 전 세계적으로 사용자와 보유자도 가장 많다. 이런 생태계 기반 때문에 기술적으로 월등한 암호자산이 나타나더라도 비트코인이 닦아 놓은 위치를 빼앗기는 한동안 어려울 것으로 예상된다. 따라서 암호자산에 대해 잘 모르는 초보 투자자라면, 비트코인에 투자하는 것이 가장 안전하고 마음 편한 투자가 된다.

매일 새로운 기술이 등장하는 암호자산 시장의 특성상 대략 90% 이상의 알트코인은 미래에 사라질 가능성이 크다. 수많은 벤처기업 중에 성공한 기업들이 매우 적은 것과 같은 이치다. 만약 비트코인 외에 다른 암호자산에 투자한다면 스스로 악착같이 공부하되, 여러 개의 알트코인에 소액을 분산해서 투자하는 게 최선이다. 예를 들어 100만 원을 10만 원씩 10군데에 분산투자하는 것이다. 이 중 한 개가 성공하면 전체적으로는 큰 수익을 낼 수 있다.

암호자산 시장은 위험하지만 큰 잠재력이 있다. 소액으로도 큰돈을 만들 수 있는 시장이기도 하고, 반대로 욕심내서 큰돈을 투자했다가 다 날릴 수도 있는 시장이다. 그래서 암호자산 중 가장 널리 알려진 비트코인에 소액을 투자하는 것이 실패 가능성이 낮다고 볼 수 있다.

● 소액으로도 투자가 가능하다

♣ 투자 방법

만약 비트코인이 현재 1,000만 원에 거래된다면, 1개의 비트코인을 사기 위해서 1,000만 원을 투자해야 하는 건 아니다. 비트코인은 소수점 이하 8개 단위까지 쪼개서 거래가 가능하다. 비트코인 1개에 1,000만 원인 경우 1만 원으로는 비트코인 0.001개, 10만 원으로는 비트코인 0.01개를 살 수 있다. 다른 암호자산들도 비트코인처럼 소수점 이하 단위로 쪼개서 거래를 할 수 있다. 매월 적립식으로 재미 삼아 적금 불입하듯이 5만 원, 10만 원씩 투자할 수 있다.

♣ 거래 방법

거래소를 이용해서 사는 것이 가장 무난한 방법이다. 국내 거래소도 있고, 해외 거래소도 있다. 하지만 최초로 원화를 입금해서 비트코인을 사려면 국내 거래소를 이용해야 한다. 국내에서 영업하는 거래소는 100개가 넘지만 정확한 숫자를 파악하기는 어렵다. 이 중 상당수의 거래소는 수익이 나지 않아 문을 닫을 가능성이 크다. 암호자산 거래소는 파산해도 개인의 자산을 보호받을 수가 없다. 따라서 믿을 만한 거래소를 이용해야 한다.

거래규모 면이나 안전도 면에서 이용할 만한 거래소는 업빗, 코인원, 고팍스, 코빗, 빗썸 등이다. 그나마 검증된 거래소에서 사고파는 것이 현재로서는 가장 무난한 방법이다. 비트코인 초보자들을 위해 전화로 비트코인을 사고팔아주는 업체도 있다. 체인파트너스가 운용하는 코인케어 서비스이다. 단, 최소 구매 금액이 100만 원이라는 제한이 있다.

구입한 암호자산을 거래소에 그대로 보관하는 방법도 있지만, 가장 안전한 방법은 각자가 별도의 지갑을 만들어서 보관하는 것이다. USB 방식으로 보관하는 것이 가장 안전한데, 이런 지갑으로는 렛저나노(Ledger Nano), 트레저(Trezor) 등이 있다.

♣ 비트코인이 디지털 금이라고 불리는 이유

2019년 7월 11일 미국 상원 금융위원회(Senate Banking Committee)에서 제롬 파월 미국 연방준비제도이사회(FRB) 의장의 답변이 화제가

Get it Money

| 비트코인 가치평가 |

비트코인은 주식이 아니다. 비트코인의 가치는 사용자들이 많아질수록 가치가 오르는 스톡 투 플로우(stock-to-flow, 이용하거나 보유하는 자산의 수를 연간 생산량으로 나눈 것) 개념으로 접근해야 한다. 금의 가치를 평가할 때 사용하는 개념이다. 비트코인은 최대 발행 가능한 숫자가 2,100만 개이고 현재까지 1,800만 개 정도가 채굴되었다. 채굴 가능한 수량의 85% 이상이 채굴된 셈이다. 이미 채굴된 1,800만 개 중에서도 300만 개 이상이 저장 중 분실되거나 보관자가 암호를 잊어버리는 등의 이유로 사라진 것으로 추정된다. 사용할 수 있는 비트코인 숫자의 감소로 인해 비트코인 사용자가 늘어날수록 비트코인의 가치는 올라갈 가능성이 크다.

된 적이 있다. 당시 한 의원이 비트코인을 화폐라고 보느냐는 질문을 하자, 파월 의장은 "사람들은 비트코인을 화폐로 인식하지 않는 것 같다. 디지털 금이라고 생각하지."라고 답변했다.

파월 의장 말처럼 많은 사람들이 비트코인을 디지털 금이라고 생각한다. 왜일까?

비트코인은 금처럼 생산량이 제한되어 있다. 금은 그나마 적은 양이지만 채굴은 계속되고 있다. 반면 비트코인은 2,100만 개가 최대 발행 가능 수량(채굴량)이다. 오히려 금보다 더 희귀성이 있는 셈이다.

금의 장점은 전 세계 어디를 가도 현지의 돈과 교환이 가능하다는 점이다. 비트코인 역시 암호자산 중 전 세계적으로 가장 널리 받아들여진다. 즉 웬만한 곳에서는 비트코인을 현지 통화로 바꿀 수 있다. 특히 물가가 많이 오르거나 경제 상황이 좋지 않아 통화가치가 불안한 나라일수록 비트코인에 프리미엄이 붙어 거래된다. 예를 들어 베네수엘라, 터키의 국민들은 자국 통화보다 비트코인을 더 선호한다. 그래서 높은 프리미엄이 붙는다. 2019년 홍콩에서 대규모 시위가 벌어졌을 당시, 홍콩에서는 비트코인에 프리미엄이 붙어 거래됐다. 이는 전 세계인들이 비트코인을 금처럼 생각한다는 증거이다. 제롬 파월 미 연준의장 말처럼 사람들은 비트코인을 화폐처럼 교환의 수단으로 생각하기보다는, 금처럼 가치저장 수단으로 생각하는 경향이 강해지고 있다.

● 소액으로 장기투자하고 본업에 전념하자

현재의 알트코인 중 90% 이상은 사라질 수 있다. 점점 더 나은 기술이 탄생하고, 자금력 좋은 대기업들이 참여하게 되면 자금력이 달리는 대부분의 알트코인들은 생존이 힘들어질 가능성이 크다. 따라서 가장 잘 알려져 있고, 사람들이 선호하고, 시가총액이 가장 큰 비트코인에 투자하는 것이 안전하다. 만약 알트코인에 투자한다면 잃어도 될 만한 돈, 예를 들면 10~30만 원 정도씩을 10가지 이상의 알트코인에 분산투자해서 위험을 줄여야 한다.

또한 반드시 스스로 공부하고 투자해야 한다. 남의 말만 듣고 하는 건 투기다. 이 분야의 전문가나 검증된 투자자들의 조언은 참고할 수 있지만, 최종 책임은 본인이 져야 한다. 투자하기 전에 비트코인과 이더리움의 차이, 블록체인의 기본원리, 암호자산의 특징, 그리고 알트코인에 투자한다면 자신이 투자한 프로젝트는 무엇이고, 개발자나 CEO의 평판은 어떤지 정도는 알고 있어야 한다.

투자 방법은 적립식 투자하듯이 소액을 적금 불입하듯 투자하는 것이 가장 무난하다. 또한 오를 때보다는 가격이 횡보할 때나 하락할 때 사 모으는 전략이 좋다. 가격이 많이 오른다는 건 주위 반응만 봐도 알 수 있다. 주변에서 비트코인에 대해 많이 이야기하고, 비트코인으로 돈벌었다는 사람들이 많다는 소식이 들린다면 거품이 끼었다는 징조다. 이때는 투자를 자제하거나 오히려 절반 혹은 일부를 팔아서 현금화하는 게 안전하다. 반대로 주변에서 암호자산에 대한 관심이 시큰둥하고, 돈 잃고 고생한다는 이야기가 많을 때 투자하면 성공 가능성이 커진다. 뻔한 이야기 같지만 투자의 역사를 보면 주변 사람들의 반응이 가장 좋은 투자의 나침반이다.

암호자산 시장은 휴일 없이 24시간 거래된다. 전 세계적으로 거래되다 보니 주말도 휴일도 없다. 가격 변동성이 매우 커서 잠자고 일어났더니 몇 시간 안 돼서 2배 이상 오르는 경우도 있고, 반대로 절반 이하로 폭락하는 경우도 있다. 이러다 보니 잠도 못 자고 코인을 거래하는 경우도 있다. 이래서는 안 된다. 매일 급변동하는 시세에 연연하다가는 성공하기도 힘들고 정신적, 육체적으로 망가질 수 있다. 어제 폭락했던 암호자산이 오늘은 폭등할 수 있고, 반대 현상이 벌어질 수도 있다. 단기 시세에 연연할 필요가 없는 이유다. 부담 없는 금액으로 장기투자해야 성공 가능성이 커진다. 매일 스마트폰의 시세를 들여다보려면 투자를 안 하는 것이 좋다. 맘 편하게 잃어도 될 돈으로 장기투자하고, 본업에 집중하는 게 성공의 지름길이다.

· 15장 ·

해외투자,
이것도 모르면 하지 말자

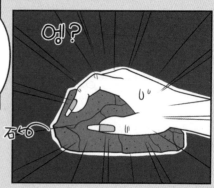

진이 분노의 주먹을 시전했다!! 위력은 대단 했다 !!

과거 일본에서 저금리 시대가 도래하자 '와타나베 부인'으로 불리는 일본 투자자들이 해외투자를 많이 했다. 금리가 낮아진 우리나라에서도 해외투자로 눈을 돌리는 사람들이 늘어나고 있다. 수익을 좇는 돈의 속성상 어쩔 수 없는 현상이기도 하다. 하지만 해외투자 경험이 없이 고수익만 좇다 보면 문제가 생긴다. 진 역시 직장동료의 말만 듣고 해외투자에 나서려 하자 요정이 막는다. 진이 요정의 조언을 듣고 냉정을 찾길 기대해본다. 해외투자, 알고 하면 약이지만 모르고 하면 독이 되기 때문이다.

● 금리가 낮을수록 투자는 중요해진다

2019년 나루히토 일왕의 즉위식이 있었다. 당시 일왕의 즉위를 축하하기 위해 일본의 은행들은 특판예금을 판매했다. 특판예금은 말 그대로 특별히 판매하는 예금이라서 금리가 조금 더 높다. 당시 특판 금리는 얼마였을까? 연 0.3%였다. 일본만 금리가 낮은 건 아니다. 스웨덴, 덴마크 등 북유럽 국가에서는 은행에 돈을 맡겨도 이자를 주는 예금상품이 거의 없다. 네덜란드 암스테르담에서는 연 1%대 특판예금이 나오면 암스테르담 시내가 들썩일 정도라고 한다.

우리는 아직 그 정도는 아니다. 하지만 국내 은행의 예금금리가 연 1% 아래로 떨어지는 건 시간문제인 듯싶다. 그런데 2010년대 초반만 해도 예금금리는 연 4~5% 정도였고, 1990년대에는 CMA통장의 금리가 무려 연 16~18% 이상인 적도 있었다.

이자가 높다면 굳이 위험을 감수하고 투자를 할 필요성이 줄어든다. 하지만 국내 금리가 점점 낮아지자 조금이라도 더 높은 수익을 얻기 위해, 많은 사람들이 해외로 눈을 돌리고 있다. 해외주식이나 해외채권 등을 통해 조금이라도 더 많은 수익을 내려는 몸부림이다.

● 해외투자, 성공의 절반은 환율이다

2018년에 개봉한 '국가부도의 날'이라는 영화는, 1997년의 IMF 사태, 즉 우리나라가 외화 부족(달러 부족)으로 달러 부채를 갚지 못해 위기에 빠진 상황을 주제로 한 영화다. 당시 달러가 부족했던 우리나라는 IMF(국제통화기금)로부터 돈을 빌려서 겨우 사태를 모면하는 수모를 겪는다.

당시 국가가 부도 직전까지 몰리면서 우리나라 국민들은 경제적으로 큰 고통을 받았다. 주식시장이 폭락해 투자자의 자산은 쪼그라들었고, 집값이 폭락해 집을 가진 사람들은 고통을 받았다. 많은 기업들의 부도로 수많은 사람들이 직장을 잃었다. 우리나라 사람 입장에서는 큰 고통의 시간이었다.

반면 외국인들 입장에서는 어땠을까? 당시 국내에 주둔했던 주한 미군들은 국내에서 판매 중인 외국산 차를 굉장히 싸게 살 수 있었다. 위기 전 달러당 800원대였던 원화 가치가 위기 직후 2,000원을 넘기도 했다. 환율이 2,000원을 넘자 달러를 가진 미국인 입장에서는 절반도 안 되는 40% 정도의 가격에 차를 살 수 있었다. 예를 들어 5,000만 원 하던 고급 벤츠 승용차는 환율이 1달러당 800원 하던 때라면 62,500달러를 줘야 했다. 하지만 1달러당 2,000원으로 원화 가치가 떨어지면, 미군 입장에서는 25,000달러로 5,000만 원짜리 벤츠를 살 수 있다. 62,500달러 하던 차가 25,000달러로 하락했으니까 40%의 가격으로 같은 차를 사게 된 셈이다. 미군들은 너도나도 평소에 엄두도 못 내던 고급 차를 사면서 횡재한 듯이 기뻐했다.

차뿐만이 아니다. 국내에 있는 부동산, 주식 가격은 가격 자체만으로도 폭락했지만, 원화 가치가 폭락하는 바람에 달러를 가지고 있는 외국인들은 헐값에 국내주식을 주어 담을 수 있는 절호의 기회였다. 예를 들어 5억 원 하던 아파트 가격이 폭락해서 절반 가격인 2.5억 원이 되었다고 해보자. 그런데 원화 대비 달러 가격이 2배이상 비싸졌다고 치자(원화 가치 하락). 달러를 가진 미국인 입장에서는 IMF 위기 전의 1/4 가격, 즉 폭락 전 가격 대비 25%만 지불하면, 건물이나 집을 살 수 있게 된다. 5억 원짜리 아파트를 1억 2,500만 원에 산 셈이다.

같은 원리로 외국인들은 주식도 헐값에 쓸어 담았다. 부동산에 비해 주식 가격은 더 많이 폭락했다. 1만 원이 넘던 일부 증권주들은 불과 몇백 원대까지 하락했다. 그야말로 노다지를 캐듯이 외국인들이 한국주식을 싸게 산 시기였다.

이런 원리는 우리가 해외투자를 할 때도 적용된다. 만약 브라질에 경제 위기가 와서 헤알화 가치가 폭락하고, 주가도 폭락한다면 우리는 헐값에 브라질주식을 살 수 있다. 물론 이런 기회는 자주 오지 않는다. 하지만 경기는 순환하기 때문에 거품이 꺼진 후 경제가 하락기에 접어들면 일부 국가들에서 이런 기회를 잡을 수 있다.

국가간 거래에서 환율은 이렇게 중요하다. 해외에서 아무리 좋은 가격에 주식이나 부동산을 샀더라도 원화 대비 해당 국가의 화폐 가치가 떨어지면 손해가 발생한다. 반대로 가격은 좀 비싸게 샀더라도 원화 대비 투자한 국가의 돈 가치가 올라가면 이득이 발생한다. 물론 가장 좋은 시나리오는 투자한 자산의 가치도 오르고 그 나라의 돈 가치도 오르는 경우다. 따라서 해외에 투자한다면 반드시 그 나라의 화폐 가치가 어떻게 될지 분석해야 한다. 경제 상황이 좋은 국가의 돈 가치는 올라간다. 현재의 경제 상황도 중요하지만, 미래의 경제 상황이 더 중요하다. 지금 경제 상황이 괜찮더라도 1년 후에 안 좋아질 것 같다면, 그 나라의 화폐 가치는 떨어진다.

그렇다면 어떤 국가에 투자하는 게 좋을까? 현재의 경제 상황도 좋고, 향후 경제 전망도 좋은 나라에 투자하거나, 현재는 썩 좋지 않더라도 앞으로 좋아질 나라에 투자해야 성공 확률을 높일 수 있다.

● 해외투자, 비쌀 때 하는 게 문제 (브라질국채의 비극)

하지만 현실에서는 반대의 일이 일어난다. 일반 개인들이 해외투자를 할 때는 해외자산이 국내자산보다 더 매력적으로 보일 때이다. 그런데 자산이 매력적으로 보이는 경우는 그 나라의 주식이나 부동산 등 자산 가격이 어느 정도 올랐을 때가 많다.

브라질국채가 대표적인 사례다. 2018년 8월에 금융감독원이 국회에 제출한 자료에 의하면, 2011년 이후 당시까지 17개 증권사를 통해 판매된 브라질국채의 잔액은 무려 7조 8,390억 원이었다. 매년 1조 원 이상 브라질국채가 판매되었다. 미국이나 유럽, 일본 등 선진국도 아니고, 우리가 평소에 잘 알고 있는 나라도 아닌 브라질 국채가 왜 이리 많이 팔렸을까? 브라질국채가 연 10%라는 높은 이자를 지급했기 때문이다. 증권사 직원들은 주식보다 위험하지 않고, 연 10% 가까운 이자를 받을 수 있다고 좋은 말만 하면서 열심히 판매했다. 개인들은 연 10%라는 높은 금리만 생각하고 투자했다.

그런데, 당시 브라질국채에 투자한 개인들의 수익률은 평균 마이너스 20%였다. 무려 연 10% 정도의 이자를 받는 브라질국채인데, 왜 마이너스 수익률이 발생했을까?

환율과 채권 가격 때문이다. 브라질국채에 투자하려면 증권사에서 원화를 달러로 바꾼 후 달러를 다시 브라질 화폐인 헤알화로 바꿔야 한다. 문제는 헤알화 환율이다. 헤알화가 원화 대비 강세가 되면 문제가 없다. 하지만 헤알화가 원화 대비 가치가 하락하면 나중에 투자자금을 원화로 바꿀 때 손해가 발생한다. 브라질국채에 투자해 연 10% 정도의 이자를 받는 건 좋지만 헤알화 가치가 20%가 하락하면 큰 손해가 발생한다. 실제 원화 대비 헤알화 환율은 2018년 연초 323.45원에서 금융감독원이 국회에 자료를 제출할 당시인 2018년 8월 19일 304.34원에 마감해, 헤알화 가치는 5.91% 하락(원화 가치 상승)했다. 증권사에서 브라질국채를 열심히 판매했던 2017년 연초 환율(371.31원)과 비교하면 무려 18.04%의 헤알화 가치가 하락했다. 만약 2017년 초에 브라질국채에 투자해서 2018년 8월까지 보유했다면 환율에서만 18.04% 손해를 본 셈이다. 이자로 연 10%를 받아봤자 헛고생이 된 것이다.

채권 가격도 변수다. 채권은 금리와 반대로 움직인다. 금리가 하락하면 채권의 가격이 올라가지만 반대로 금리가 오르면 채권의 가격은 떨어진다. 브라질 금리가 오를 경우, 브라질국채의 가격은 떨어진다. 2018년 8월 19일 브라질 10년물 국채금리는 10.2140%로 2018년 연초 9.7970%에 비해 0.4170%포인트 상승했다. 금리와 반대로 움직이는 채권 가격에서도 그만큼 손해가 났다.

브라질국채에 투자해서 수익률이 평균 마이너스 20%가 발생한 원인을 정리해보자. 첫째, 헤알화 가치 하락과 둘째, 브라질국채 가격 하락이 합쳐진 결과다. 하지만 브라질국채를 판매하는 직원들은 이런 위험에 대해 자세히 설명하지 않았다. 오히려 헤알화 가치가 올라갈 가능성이 크고, 금리가 하락한다고 하면서 판매했다.

세상에 공짜는 없다. 환율에 대한 지식도 없고, 채권에 대한 지식도 부족한 개인들이 연 10% 이자만 생각하고 브라질국채에 투자했으니, 실패할 수밖에 없었던 것이다.

● 금융회사 직원들도 전문가가 아니다

그렇다면 증권사 직원들은 왜 이리 열심히 브라질국채를 판매했을까? 첫째, 회사에서 브라질국채를 열심히 팔라고 판매지침을 내렸기 때문이고, 둘째, 브라질국채의 판매수수료가 3% 정도로 높았기 때문이다. 결국 투자자들의 수익보다는 자신들의 이익(해당 증권사 자산 확대, 수수료 수입)을 위해 열심히 판매한 셈이다.

해외자산에 투자하는 개인들은 금융지식이나 투자 경험이 많지 않을 가능성이 높다. 투자가 잘못될 경우 대응하기 쉽지 않다. 더 큰 문제는 해외투자 상품을 판매하는 금융회사 직원들 역시 해외투자 경험이 많지 않다는 점이다. 증권사에 입사한 지 얼마 안 되거나, 해외투자 경험이 많지 않은 지점 창구직원들이 과연 해외채권이나 주식에 대해 얼마나 많이 알까? 브라질국채를 판매하면서 브라질의 경제 상황이나 경제지표 변화와 관련된 내용을 꾸준히 공부하면서 판매하는 직원들은 많지 않다. 그래서 그들이 개인투자자들을 보호해주기는 쉽지 않다. 그만큼 해외투자가 어렵다는 걸 알고 투자에 임해야 한다. 금융회사 직원이라도 해외투자 경험이 없거나 관련부서에 근무하지 않았다면 전문가가 아니다. 그들이 여러분보다 더 많이 알 거라고 생각하면 착각이다.

브라질국채에 투자하고 싶다면, 브라질의 경제 상황, 환율 동향, 금리 동향을 모두 볼줄 알아야 한다. 해외투자는 절대 만만치 않다. 남의 말만 듣고 투자하는 것이 얼마나 위험한지, 많은 공부가 필요하다는 것을 이해하는 게 해외투자의 시작점이다.

● 투자하는 국가의 경제 상황을 살펴봐라

그럼 어떤 나라에 투자하는 것이 좋을까? 전반적으로 아래 조건에 해당되면 투자를 고려해볼 만하다. 아래 조건에 해당된다면 그만큼 그 나라 주식이나 부동산 등 자산 가격은 물론이고, 그 나라의 화폐 가치가 올라갈 가능성이 커지기 때문이다. 화폐 가치가 오르면 나중에 원화로 환전할 때 이득을 본다. 환율 가치가 상승할 만한 국가에 투자하는 게 해외투자할 때 가장 중요한 고려사항이 되어야 한다.

♣ 해외투자 시 살펴볼 것들
- 경제성장이 지속되는 나라

선진국이냐 신흥국이냐에 따라 경제성장률은 달라진다. 따라서 추세를 봐야 한다. 최근 5년간, 혹은 10년간 경제성장률의 추세를 보고, 추세가 좋아지거나 안정적인 국가에 투자하는 것이 좋다.

• 물가가 안정적인 나라

물가가 많이 오르는 나라의 돈 가치는 떨어지게 마련이다. 베네주엘라, 아르헨티나 등 물가가 폭등하는 국가의 화폐 가치는 매년 크게 하락한다. 반면 미국이나 일본 등 물가가 안정적인 나라의 화폐 가치는 강세 혹은 안정적인 움직임을 보인다. 돈 가치가 지켜지는 국가에 투자하자.

• 외환보유고가 넉넉한 나라

외환보유고란 한 나라의 통화당국이 대외지급 준비자산으로 보유하고 있는 외화자산을 말한다. 기축통화국인 미국을 제외하면 각국은 만일에 대비하고 자국통화 가치의 안정을 위해 외환을 보유한다. 위기가 닥치더라도 자국의 환율을 안정적으로 방어하기 위해 외환보유고가 넉넉한지를 살피자. 외환보유고에 대한 내용은 인터넷 검색으로 쉽게 확인할 수 있다.

• 경상수지가 흑자인 나라

한 국가가 벌어들이는 외화(달러)가 나가는 외화(달러)보다 많은

지를 나타나는 것이 경상수지이다. 가정으로 말하면 수입 대비 지출이 어느 정도인지를 보는 지표와 같다. 한 나라의 경상수지가 흑자라는 건 물건을 팔든, 서비스를 팔든, 해외에서 배당을 받든, 벌어오는 외화가 지출하는 외화보다 많다는 의미다. 이런 나라들의 돈 가치는 안정적이다.

• 외국인 투자가 늘어나는 나라

외국인들이 투자를 많이 한다는 것은 그 나라로 외화가 들어온다는 의미다. 이럴 경우 그 나라의 화폐는 안정적이거나 강세를 보인다. 반대로 외화가 빠져나가는 나라의 화폐는 약세를 보인다. 정치가 불안하거나 경제 상황이 좋지 않을 경우 외화가 빠져나가고, 반대의 경우 외화가 들어온다.

Get it Money

| 경상수지 |

경상수지는 상품과 서비스를 외국에 팔고 사는 거래(상품 및 서비스수지)와 외국에 투자한 대가로 받아들이는 배당, 이자 등의 소득(소득수지), 그리고 무상거래 중에서 자본거래의 성격을 지니지 않은 경상이전거래(경상이전수지)로 구성되어 있다.

우리나라가 1997년 외환위기를 맞았을 때 경상수지는 1996년부터 적자 상태였다. 반면 지금은 오랜 기간 경상수지가 흑자기조를 유지하고 있다. 2012년 4월 이후 83개월 연속 흑자 행진을 유지하다 2019년 4월 소폭 적자가 발생했다. 이후 2019년 5월부터 경상수지는 다시 흑자기조를 유지하고 있다.

• 가격이 많이 올랐는지 여부

투자하고자 하는 자산이 많이 올랐는지를 반드시 확인해야 한다. 최근 10년, 최근 5년, 최근 3년, 최근 1년 등 기간을 세분화해 상승 또는 하락률을 체크해보고, 많이 오른 경우 추세를 지켜본 후 투자 여부를 결정해야 한다. 투자할 국가와 대상은 많다. 국가별로 상승 사이클은 순환된다. 덜 오른 곳에 투자하거나 기다리다 보면 싸게 살 기회는 오게 마련이다.

사람들이 좋다고 몰리는 상품이나 금융회사 직원들이 추천하는 상품들은 생각보다 별 볼 일 없는 경우가 많다. 많은 사람들이 가입 했다는 건 그만큼 해당 국가나 상품이 인기가 있다는 의미고, 가격 이 어느 정도 올랐을 가능성이 크기 때문이다. 해당 인기상품이 운 좋게 더 올라서 수익을 볼 수도 있지만, 그만큼 위험도 크다는 걸 알 고 투자해야 한다.

♣ 개인들이 해외투자에서 성공할 수 있는 방법

• 자신이 잘 아는 국가의 주식이나 펀드에 투자하되, 해당 주식이 폭락하거나 장기횡보할 때 싸게 사서 장기투자하는 방법이 최선이 다. 투자할 때는 한꺼번에 목돈을 넣는 거치식보다 금액을 나누어 서 투자하는 적립식(적금식)으로 투자하는 것이 안전하다.

브라질국채의 경우도 증권사 직원들이 열심히 판매할 때가 아니 라 고객들이 수익률 악화로 직원들에게 항의할 때 가입을 고려해보는 것도 방법이다. 가격이 많이 하락했다면 금융회사 직원들이 별로 판매하고 싶어 하지 않는다. 최근 수익률이 좋지 않은 상품을 고객들에게 자신 있게 추천할 만큼 소신 있는 직원들도 적고, 회사에서도 굳이 부담을 갖고 판매할 필요성을 못 느끼기 때문이다. 이때 거꾸로 길게 보고 투자를 시작하면 성공 가능성이 커진다.

• 대부분의 시간은 현금으로 보유하고 있다가 기회가 올 때만 투자하는 방법도 있다. 주식이든 채권이든 일 년에 한두 번은 좋은 기회가 온다. 특히 많이 폭락하는 시기가 가끔씩 찾아온다. 해당 국가의 경제 상황이 안 좋아서 주가가 폭락하거나 환율이 폭등(그 나라의 돈 가치가 폭락)할 때 관심을 갖고, 분할해서 조금씩 투자해 나가는 것도 괜찮다.

● 브라질국채도 역발상으로 투자하면 성공한다

2012년~2014년 금융회사 직원들이 추천할 때 투자해서 원금의 절반까지도 손해본 사람들이 많았다. 반면 2016년 초 유가가 배럴당 20달러대까지 폭락하고, 브라질 호세프 대통령 탄핵설이 돌면서 브라질 경제가 위기에 처했다는 말을 듣고 과감히 투자한 사람들도 있다. 그들은 불과 1년도 안 돼 브라질국채 투자로 50% 가까운 수익을 냈다. 참고로 브라질의 경우 원자재수출 비중이 높아서 원자재 가격이 오를 때 수혜를 본다. 반대로 중요한 원자재인 원유가격 하락은 브라질 경제에 좋지 않은 영향을 미친다. 이전에 브라질국채를 열심히 팔던 증권사들은 2016년 초 브라질국채 가격이 폭락하자 아예 판매를 안 하기도 했다. 하지만 일부 투자 감각이 있던 사람들은 이때 돈냄새를 맡고 투자를 시작했다.

우리는 사람들이 많이 가는 곳을 따라가면서 편안함을 느낀다. 왠지 안전해 보이고 앞서지는 못해도 중간은 할 것 같다는 생각이 들어서이다. 이런 심리적 편안함은 재테크에도 적용된다. 친구나 직장동료가 가입했거나 은행이나 증권사 직원들이 추천하는 인기상품이라면 가입해도 괜찮을 것 같다는 생각이 든다. 하지만 이런 때를 조심해야 한다. 인기상품이 운 좋게 더 올라서 수익을 볼 수도 있지만, 그만큼 위험도 커지고 있다는 걸 알아야 한다. 번잡한 곳보다 사람들이 빠져나간 곳에서 투자의 기회를 살펴보자. 지루한 기다림 속에서도 분명 기회를 발견할 수 있을 것이다.

"투자가 즐겁고 재미있다고? 그렇다면 당신은 아마 절대 돈을 못 벌 것이다. 좋은 투자란 지루한 것이니까!"
_ 조지 소로스(George Soros), 헤지펀드 투자의 대가

"해외여행 꿀팁 : 환전을 할 때도 전략이 필요하다"

보너스를 일부 활용해 여행 계획을 세운다면 환전에 대한 전략도 함께 세워두는 것이 좋다. 여행갈 국가가 정해졌다면 그 나라 통화로 환전해야 하는데, 여행갈 때 경비를 한꺼번에 환전할 경우 '환위험'에 노출될 수 있다.

환위험이란 환율이 변동됨에 따라 재무적인 위험이 발생하는 것을 말한다. 예를 들어 6개월 후에 달러로 돈을 지급해야 하는데, 달러가 강세가 되면 환전할 때 더 많은 원화를 지급해야 하는 위험이 발생할 수 있다. 따라서 일정 기간이 지난 후에 외국통화가 필요하다면, 환위험을 줄이는 방법을 찾는 것이 현명하다.

여행 시점에 해당 국가의 통화와 비교해서 원화 가치가 떨어지면 좋지 않다. 반대로 원화 가치가 올라가면 똑같은 원화를 주더라도 더 많은 외화를 받을 수가 있어 이익이 발생한다. 하지만 미래의 환율을 예측하는 건 굉장히 힘들다. 만약 구체적인 해외여행 계획이 세워졌다면 적립식으로 환전을 준비해 나가는 것이 좋다.

예를 들어 연말에 보너스를 받았는데 여름휴가 때 여행을 간다면, 휴가 전까지 6개월 이상의 시간이 남아 있다. 이런 경우 보너스를 분산해서 환전하면 환율 변동에 대한 위험을 줄일 수가 있다. 즉, 여행경비에 필요한 돈을 6등분해서 그 돈을 매월 6개월 동안 필요한 통화로 환전한다.

방법은 은행 앱을 통해서 환전할 수도 있고, 가까운 은행지점에 가서 외화종합통장을 만들고 매월 바꾼 외화를 통장에 비축해 놓으면 된다. 미국 여행을 가는 데 500만 원의 예산을 정했다면 6개월에 걸쳐 매월 83만 원 정도씩 원화를 달러로 바꾸고, 바꾼 달러를 외화종합통장에 넣어둔 다음 6개월 후에 통장에 비축된 달러를 출국 전에 인출해서 사용하면 된다. 해외여행뿐 아니라 유학비나 해외연수비와 같이 외화가 필요할 때도 환율에 대해 고민하지 말고 비슷한 방법을 활용할 수 있다.

미국 달러나 유로화, 중국 위안화 또는 일본 엔화 등 널리 쓰이는 통화는 외화종합통장에 비축해둘 수 있지만 그렇지 않은 통화라면 적립식 환전을 활용하기 어려울 수 있다. 이때는 미국 달러로 마련해놓고, 필요 시 다시 원하는 국가의 통화로 환전하는 방법을 차선책으로 활용해볼 수 있다. 단, 이 때는 달러를 다시 해당 통화로 바꿀 때 수수료가 추가로 발생한다는 단점이 있다.

적은 돈이라도 꾸준히
저축하는 습관이 정답이다

"넌 돈 걱정 하지 말고 공부만 열심히 하면 돼!"

우리는 어릴 적부터 이런 말을 듣고 자랐다. 그러다 보니 돈에 대해 알려고 하는 건 부모님의 심기를 건드리는 것이었고, 어른이 될 때까지는 애써 돈에 대해 외면하도록 묵시적으로 교육받아왔다.

학교에서도 체계적인 돈관리 방법을 배우지 못한다. 결국 돈관리에 대해 개념도 못 잡고서 사회생활을 시작한다. 월급을 제대로 쓰거나 관리할 준비가 안 된 상태에서 많은 신입사원들이 첫월급을 받는 셈이다.

가정에서도 학교에서도 왜 돈에 대해 안 가르쳐주는 걸까? 부모님들도 선생님들도 돈에 대한 교육을 제대로 받지 못했기 때문이다. 그래서 안 가르쳐주고, 못 가르쳐주었다. 돈관리에 대한 개념이 없다 보니 첫월급을 받으면 그동안 못했던 것들을 하기에 바쁘다. 첫월급을 타면 저축도 하고, 부모님 선물을 사 드리는 경우도 있지만, 상당수는 먹고 마시고 옷이나 예쁜 가방 등 평소에 사고 싶었던 것들을 사는 데 많은 돈을 쓴다. 부자가 되기 위한 주춧돌인 종잣돈을 만들기도 전에 부자처럼 쓰는 것부터 배우는 것이다.

이런 이유로 우리의 월급통장에는 항상 돈이 없다. 특히 신용카드는 돈관리를 망치는 가장 큰 주범이다. 신용카드를 많이 사용하면 월급을 받아도 카드값 결제하고 나면 남는 돈이 별로 없다. 허탈해하면서도 한 달 한 달 버티며 다음 달 월급을 위안 삼아 또 신용카드를 긁게 된다. 이런 와중에 차까지 뽑게 되면 저축을 하기는 더욱 어렵게 된다. 그러면서도 우리는 월급을 받는 한 언제든 저축을 할 수 있다고 생각한다. 과연 그럴까?

● 저축은 아무 때나 하는 게 아니다

저축을 언제든 할 수 있다면 왜 많은 선배들이 돈에 쫓기며 살까?

결론부터 이야기하면 돈을 모을 수 있을 때 모으지 않았기 때문이다. 그럼 왜 돈을 모을 수 있을 때 제대로 모으지 못했을까? 월급이 적어서일까? 아니다. 월급의 많고 적음보다 저축을 못 했던 이유는, 돈에 대해 구체적인 목표가 없이 막연하게 생각했기 때문이다. 그리고 인생을 조금 더 멀리 내다보지 못했기 때문이기도 하다. 돈에 대한 목표나 계획이 없다 보니 눈앞에 보이는 달콤한 소비의 유혹에 빠지게 된다. 또한 눈앞에 보이는 순간의 즐거움에 마비되어 몇 년 후에 다가올 미래는 생각하지 않는다. 하지만 분명한 게 있다. 돈은 우리가 아무 때나 무한정 벌 수 있는 대상이 아니라는 점이다.

인생을 살다 보면 돈을 벌 수 있는 시기와 돈을 저축하기 적합한 시기가 있다. 돈을 벌 수 있는 시기에 벌어놔야 하듯이, 저축도 저축이 가능할 때 해 놓지 않으면 평생 돈이 부족해 돈의 노예로 살게 된다.

우선 '돈을 벌 수 있는 시기'는 일 또는 직장생활을 할 수 있는 시기라고 유추해볼 수 있다. 그렇다면 '저축할 수 있는 시기'란 무슨 의미일까? 인생의 큰 그림을 그려보면 상대적으로 돈이 여유로운 시기와 빡빡한 시기가 있다. 돈이 여유로운 시기는 정기적으로 지출이 많지 않은 시기다. 즉, 결혼하기 전이나 자녀가 어려서 사교육비가 많이 들어가기 전에는 비교적 저축을 하기가 쉽다. 반면 결혼 후 대출을 끼고 집을 사거나 자녀들이 커서 학자금 지출이 많아질 때는 저축하기가 쉽지 않다. 이런 인생의 큰 흐름을 그려보게 되면, 저축할 수 있는 시기에 좀 더 저축해야 하는 필요성을 알 수 있다.

그렇다면 첫월급을 받는 순간부터 조금 더 멀리 내다보고 돈에 대한 구체적인 목표를 세우고 최대한 저축을 해야 한다. 저축할 수 있는 시기가 한정되어 있다는 현실을 이해하고 저축을 절박하게 해나가는 사람과, 저축을 막연하게 생각하고 행동하지 않는 사람과의 통장잔고 차이는 5년 정도 지나면 확연하게 달라질 수밖에 없다.

● 시간은 통장을 살찌게 한다

살아가면서 목돈이 필요한 순간들이 있다. 예를 들어 우리가 대학에 들어갈 때 등록금이 필요했던 것처럼, 결혼할 때는 결혼자금이 필요하다. 그리고 결혼해서 자녀를 낳고 키우다 보면 부모님들이 우리의 대학등록금을 마련해주셨던 것처럼, 우리도 우리 자녀들의 대학자금을 마련해줄 수 있어야 한다.

이렇듯 우리는 돈이 필요할 때 꺼내 쓰기 위해 저축한다. 그리고 돈이 언제 어느 정도가 필요한지를 예상하기 위해서는 앞으로 전개될 인생의 흐름을 그려보고 저축 계획을 세워 나가면 된다. 예를 들어 첫월급을 받은 후, 결혼은 언제쯤 할 예정인지, 결혼을 하게 되면 결혼자금 혹은 전세자금은 얼마가 필요하고 집은 언제 마련하는 게 좋은지 등에 대한 삶의 흐름을 생각해보면 목돈이 필요한 시기를 예상해볼 수 있다. 이런 흐름에 대비하면서 필요한 목돈을 만들기 위한 저축을 꾸준히 해 나간다면, 적어도 돈에 쫓겨 사는 생활은 피할 수 있다.

첫월급을 받은 사회 초년생들이 돈을 잘 모을 수 있게 하는 가장 큰 원동력은 시간의 힘이다. 인생의 큰 흐름을 그려보고 거북이처럼 느리더라도 꾸준히 저축하다 보면 쌓여가는 통장잔고를 보고 재미를 느끼는 순간이 오게 된다. 한마디로 말해 'Slow and Steady Wins The Race(느리지만 꾸준함이 이긴다)'이다. 적금통장이든 주택청약통장이든 혹은 펀드통장이든 목적을 정한 후 통장을 만들어 놓자. 그런 다음 자동이체로 한 푼이라도 더 많이 저축으로 빠져나가게 하고 시간의 힘을 믿고 모아 나가자.

몇 년 전 전파상을 하는 서울 강서구 방화동의 진성군 씨의 사례가 화제가 된 적이 있다. 진 씨는 은행에서 매일 10원씩 늘려가는 특이한 저축 방법으로 1억 원을 넘게 모았다. 오늘 10원 저축한다면 내일은 20원, 그다음 날은 30원… 이런 식으로 매일 10원씩 늘려서 저축을 했는데, 어느덧 1억 원이 넘는 많은 돈이 통장에 쌓였다고 한다. 모은 돈은 어려운 사람들을 위해 기부했다.

수입이 많고 적음을 떠나 매일 적은 돈을 꾸준히 저축해서 목돈을 마련한 좋은 사례다. 진 씨는 "난 저축할 여유가 없어."라는 말이 저축 못 하는 사람들의 핑계일 뿐이라는 걸 증명한다. 저축은 밥 먹듯이 해야 한다. 10억 만들기, 3억 만들기 등 너무 큰 목표를 세울 필요도 없다. 적은 돈(푼돈)을 꾸준히 저축하다 보면 저축이 습관이 되고, 그 습관이 통장잔고를 두둑하게 만들어준다.

일주일에 별다방(스타벅스) 커피 한 잔 덜 마시고, 그 돈을 펀드에 넣거나 좋아하는 회사의 주식을 사 모으는 것도 좋은 방법이다. 예를 들어 국내 주식형펀드에 만 원씩 틈틈이 넣거나, 좋아하는 화장품 회사의 주식, 혹은 매일 가는 편의점 주식을 조금씩 푼돈으로 사서 모으는 것이다. 주식이나 펀드를 투자라고 생각하지 말고 목돈을 만드는 저축이라고 생각해야 투자에 성공한다. 조금 덜 쓰고 비축해 놓은 돈이 나중에 큰 힘이 되어주는 걸 부모님의 손때 묻은 통장에서 본 경험이 있을 것이다. 투자와 저축을 밥 먹듯이 하면 분명 성공한다.

● 빨리 가려고 서두르면 오히려 늦는다

금융에 대해 몰라도 큰 낭패를 본다. 많은 사람들이 적금이자율과 예금이자율의 차이는 물론이고, 적금상품과 보험상품도 구분하지 못한다. 이렇다 보니 금융회사 직원들이나 상품 판매인들의 달콤한 유혹에 솔깃해서 쉽게 금융상품에 가입한다. 그리고 나중에야 상품의 속성을 알아채고 후회한다.

'진' 역시 귀가 얇아 주위의 권유나 정보에 쉽게 휩쓸렸다. 우리는 금융 왕초보 '올리브'와 '진'이 겪는 경험과 실수를 통해 많은 교훈을 얻을 수 있다. '진'처럼 잘못된 금융상품에 가입해서 낭패를 보는 일이 없어야 한다.

'올리브'와 '진'은 돈관리와 금융의 원리를 잘 알지 못한 채 사회생활을 시작하는 우리 모두의 모습이다. '올리브'와 '진'을 보며 첫월급을 받은 이후 돈관리를 잘못했던 많은 사람들이 같은 실수를 반복하지 않기를 바란다. 그리고 그 출발은 월급을 잘 관리하는 데서 시작된다. 열심히 일해서 받는 소중한 월급을 잘 관리해서 평생 돈 걱정 없이 사는 기반을 만들어보자. 첫월급을 받고 기뻐했던 설렘을 기억하며, 이번 달 월급부터 새롭게 도전해보자. 여러분은 모두 행복하게 살 자격이 있는 소중한 사람들이니까.

p.s.

이 책은 2013년에 출간된 《첫월급을 탔어요!》에 뿌리를 두고 있다. 당시 《첫월급을 탔어요!》에는 회사에 갓 입사한 '올리브'라는 캐릭터를 카툰의 주인공으로 등장시켰다. 어렵고 딱딱하게 느껴지는 돈관리라는 주제를 쉽게 전달하려는 새로운 시도였다. 다행히 독자들의 반응이 좋아서 베스트셀러에 오르고 많은 사랑을 받았다. 하지만 시간이 흐르면서 새로운 경제 및 금융 상황에 맞게 수정이 필요해졌다. 금리가 낮아졌고, 해외투자의 필요성이 늘어났으며, 디지털자산이 실생활에 쓰이기 시작했다. 그리고 더 많은 독자에게 다가가고 싶었다. 기존 《첫월급을 탔어요!》를 읽은 독자들 중 상당수가 어느 정도 직장생활을 한 경우가 많았는데, 돈관리에 어려움을 겪는 건 사회생활을 오래 한 직장인들도 마찬가지였다. 오히려 그들에게 돈관리가 더욱 절실하다는 걸 느꼈다. 직장생활을 어느 정도 했는데도 돈을 잘 모으지 못했기 때문이다. 이런 독자들의 의견을 반영해 이번에는 '올리브'와 그녀의 직장 선배인 '진'을 등장시켜서, 돈관리를 잘하고 싶은 모든 직장인들(특히 2030세대)을 위해 《월급이 사라지는 여자 월급이 불어나는 여자》로 새롭게 출간하게 되었다.

이 책의 시즌 1격인 《첫월급을 탔어요!》를 읽고 아낌없는 성원과 관심을 보여준 수많은 독자들에게 이 자리를 빌어 감사드린다. 이제 7년이라는 세월이 흘러, 지난 독자들의 후배 혹은 동료들이《월급이 사라지는 여자 월급이 불어나는 여자》를 읽고 있다. 카툰의 주인공인 '올리브' 그리고 '진'과 함께 이 책을 읽은 모든 독자들이 돈 걱정 없는 삶을 살기를 기대하고 응원한다.